석봉의 흔적을 찾아서

최경도 지음

법우사

석봉 연혁

1917. 10. 6	경주시 손곡동 손곡정사(蓀谷精舍)에서 부 최찬해(崔贊海)와 모 윤종생(尹鍾生)의 여덟 남매 중 사남(四男)으로 출생 석봉(石峯)은 애명(愛名)이며, 유년기 한학 수학
1928. 4. 1	천북공립보통학교(川北公立普通學校) 입학
1932. 3. 18	4년제 천북공립보통학교 졸업
1932. 4. 1	경주공립보통학교(慶州公立普通學校) 5학년 편입
1934. 3. 18	6년제 경주공립보통학교 졸업
1934. 4. 1	경주공립심상고등소학교(慶州公立尋常高等小學校) 고등과 입학
1936. 3. 20	경주공립심상고등소학교 졸업. 졸업 후 부친이 경영하던 동산양조장(東山釀造場)에서 일시 근무
1938. 3. 5	검정시험을 준비하던 중 일본 도쿄로 유학 단행
1938. 4. 1	니혼대학교(日本大學校) 부설 제3중학교 4학년 편입
1940. 3. 20	니혼대학교 제3중학교 졸업
1940. 4. 1	니혼대학교 전문부 법률과 본과 입학
1942. 9. 30	전시임시학제변경(戰時臨時學制變更)으로 6개월 단축하여 졸업 고등문관(高等文官) 사법시험 준비
1943. 2. 20	귀국. 충청남도 도청(道廳)에서 2년간 근무
1945. 3. 16	판임문관(判任文官) 직급인 충청남도 군속(郡屬)으로 임명되어 공주군(公州郡)에 부임

1945. 12. 15	충청남도 도속(道屬)으로 임명되어 후생부(厚生部) 후생과장으로 근무
1947. 1. 30	해방과 함께 2세 교육에 뜻을 품고 충청남도 도청에서 물러나 귀향
1947. 5	경주예술학원(慶州藝術學院) 인수
1949. 4. 26	만송교육재단(晩松敎育財團) 및 경주예술학교(慶州藝術學校) 설립인가
1949. 5. 1	경주예술학교(慶州藝術學校) 개교. 사무국장 직책 맡음
1952. 1. 1	계림중학교(鷄林中學校) 설립인가. 초대 교장 취임
1952. 3. 26	경주 향교에서 계림중학교 개교식 거행
1968. 1	경주시 인왕동에 교지를 확보하여 5월부터 교사 신축공사 시작
1968. 11. 20	중학교를 선덕여자중학교(善德女子中學校)로 변경
1974. 1. 5	선덕여자상업고등학교(善德女子商業高等學校) 설립인가. 초대 교장 취임
1981. 6. 17	산업체 특별학급 운영으로 국민훈장 목련장(木蓮章) 수훈
1998. 8. 31	50여 년간 국민교육에 헌신하여 국민훈장 동백장(冬栢章) 수훈
2001. 3. 1	고등학교를 선덕여자고등학교(善德女子高等學校)로 변경
2001. 7. 23	만송교육재단 이사장 취임
2004. 4. 23	만송교육재단 명예 이사장 취임
2009. 5. 7	개교 60주년 기념행사 거행
2013. 12. 5	별세(향년 96세)

석봉 최영조 선생

책머리에

　누군가 말하기를, 아버지가 세상을 떠나면 자식들에게 모든 것이 가능할 듯하면서도 어떤 것도 안전하지 못한 상황이 되어버린다고 하였다. 아버지로 상징되는 규제와 원칙의 틀에서 벗어나면 무엇이든 가능할 것만 같은 해방감이 느껴져도 막상 보호막이 사라지면 세상에 홀로 선 듯한 불안감이 생기는 것이 사실이다. 이러한 비유적 표현은 부친과 나 사이에서 본다면 어느 정도 진실일듯하다.

　금년은 부친이 세상을 떠나신 지 여덟 번째가 되는 해이다. 1917년에 태어나 2013년에 작고하신 부친은 거의 한 세기를 사신 분이지만, 살아계실 동안 각인된 이미지는 20세기가 아닌 19세기 인물에 가깝다. 돌이켜보면 나는 주변의 누구와 견주어보아도 오랜 세월 부친의 그늘에 지내왔고, 함께했던 시간도 많았다. 하지만 지금 생각하니 부친에 대해 아는 것보다 모르는 것이 더 많다는 사실은 놀라운 일이 아닐 수 없다. 내 머릿속에 있는 부친은 과묵한 가운데 속내를 잘 드러내지 않는 분이었다. 구약성서에 나오는 예언자처럼 언어를 축약적이고 암시적으로 사용했던 부친은 나의 행동을 곧바로 평가하기보다 일정한 시차를 두고 지적하여 나 자신을 되돌아보게 했다.

　비단 언어 특성뿐만 아니라 부친은 자식들이 쉽게 근접하지 못하는 행동 양식을 유시하였다. 집안에서 가장 편안한 시간이 되는 식사 때조차 복장을 갖추었던 부친은 매사에 철저하였고, 다른 사람들에 대한 일을 좀체 입에 올리지 않았다. 메모지 작성으로 하루를 시작할 때는 언제나 맨 위에 '母父母'라는 표현을 넣었다. 정제된 언어 사용과 제식(祭式)이 되다시피 한 생활 태도는 때로는 답답하게 보였다. 겸손이란 덕목을 일상의 대목마다 실천에 옮겼던 부친은 근거도 없이 큰소리만 쳤던 주변 인물들과 달랐고, 이것은 내가 가졌던 불만의 요인이 되기도 했다. 그러나 내 나이가 어느덧 일흔을 바라보는 지금에 생각하면 부친의 절제와 신중함이 나의 성급함과 대비되어 한없이 부끄러운 마음마저 든다.

자식은 부모를 넘을 수 없다는 말이 있다. 이 말은 내가 성장기를 거친 후 지금에 이르기까지 부친을 생각할 때마다 실감하는 표현이다. 나는 스스로 주체가 되어 행동하고 결정할 때 은연중 부친과 비교해보는 습성이 생겼다. 그럴 때면 부친은 세심한 배려와 과감한 결단, 일상의 구석구석에 뿌리내린 삶의 지혜에 이르기까지 내가 결코 넘을 수 없는 세계를 상징하였다. 자식들에게 아버지는 불가사의한 존재가 된다. 자식에 대한 사랑과 헌신의 배후에는 한 인간으로 가질 수밖에 없는 약점과 결함이 도사리고 있기 때문이다.

부친은 일제강점기가 시작된 20세기 초엽에 태어나 개인과 가족의 존립조차 힘겨웠던 격동의 시대를 헤쳐왔다. 그 후 고향 땅에서 평생의 과업인 중고등학교를 일구면서 무수한 시련을 온몸으로 부딪쳐 왔기에 경외심을 품기에 충분했다. 세상에 태어나 별로 성취한 것이 없는 나에게 부친은 멀리서 쳐다보기만 할 뿐 감히 오르지 못하는 산처럼 느껴졌다. 그렇다고 마냥 바라보고만 있을 수 없기에 나는 용기를 내 마침내 높은 산을 등정해보려는 심정으로 부친의 삶의 궤적을 찾는 시도를 한다. 이러한 노력을 통하여 과연 부친의 삶에 어느 만큼 접근하게 될지는 알 수 없지만, 이것은 현재는 물론 내 삶의 뿌리와 맞닿아 있다는 사실을 다시 인식하려고 한다.

전기(傳記)나 평전(評傳)의 형식을 빌려 부친의 삶에 대하여 글을 써 보려는 생각은 여러 해 전부터 하였다. 부친이 작고한 이후 몇 년 동안, 당시 내가 근무했던 영남대학교에서 정년 퇴임을 맞이하기 전까지 틈틈이 다른 사람들의 전기를 읽으며 나름의 방향을 모색하였다. 그러면서도 결실이 늦어진 이유는 순전히 나의 게으름 때문이었다. 정년 퇴임을 하고 몇 년 동안은 해방감에 쌓여 미루었던 외국 여행을 했고 지금껏 몰랐던 예술의 세계에 관심을 돌리기도 했다. 그래도 마음 한구석에는 정작 해야 할 일을 미루고 있다는 죄의식이 깊이 스며들었다.

　더욱이 부친에 대한 기억과 일화들을 누구보다 잘 알고 있는 입장에서 나의 책무가 되는 작업을 계속 미룬다는 건 나 자신은 물론, 주변 사람들에게도 면목 없는 노릇이었다. 특히 세월의 흐름과 함께 사라지거나 희미해질 과거의 일들을 기억하고, 여기저기 흩어져 있는 자료들을 발견하여 나에게 가장 큰 영향을 끼친 부친의 삶을 탐색하는 작업이야말로 지금 내가 처한 상황은 물론, 우리 가족 역사에서 가치 있는 일이 되리라 믿는다. 그러나 전기가 되든 평전이 되든 막상 책을 쓰려니 부친에 대하여 중요한 사실들은 제대로 파악하지 못하고 있었다는 자괴심이 앞선다. 세심한 성품인 데다 주변의 일들을 꼼꼼히 기록하는 습관을 평생토록 유지해 오신 부친을 생각하며, 나는 그토록 오래 모시고 있을 동안 언젠가 글쓰기에 대비하여 생각나는 의문들을 왜 물어보지 않았을까 하는 뒤늦은 후회에 사로잡혔다. 이러한 불찰에 거듭 용서를 빈다.

　이 책은 연대기에 따라 사실을 충실히 재현하는 이른바 전기 형식을 따르지 않고 나의 기억과 인상을 토대로 부친의 삶을 조명하는 데 목적을 두고 있다. 객관적 사실에 충실한 연대기적 구성을 넘어 부친에 대한 인상에 의미를 두었기 때문에 인물의 전기로 보기에는 어려운 점이 있다. 이와 함께, 전기나 평전에 요구되는 사실적 혹은 역사적 고증을 하기에는 필자가 확보하거나 도달하기 어려운 부분이 많았음을 부인할 수 없다. 그리고 자식의 관점에서 부친의 삶을 객관적으로 서술한다는 것이 생각만큼 단순하지 않다는 사실도 절감하였다. 이것은 세상에서 가장 가까운 관계가 되는 부모의 삶에 접근하여 글쓰기를 시도하는 사람이라면 누구나 체험하게 될 난제가 되지 않을까 생각한다. 누구보다 잘 알고 있다고 생각했던 인물에 접근해보니 실제로는 너무나 많은 것을 모르고 있었다는 역설적 상황에 직면할 때 겪는 당혹감은 이루 말할 수 없다. 이것은 마치 멀리서 바라본 산이 막상 등정을 시작하는 순간 낯선 행로와 난관을 펼치는 것과 같은 상황이다.

　이러한 어려움에도 불구하고 지극한 사랑을 베풀어주신 부친에 대한 애정과 의무감이 이 책을 진행하는 추진력이 되었다. 이를 통하여 부친에 대한 기억과 조명이 내 삶의 근원을 밝힌다는 전제에서 이 작업을 시도한 본래 의도가 실현되기를 바라는 마음도 간절하다. 금년으로 개교 72주년을 맞이한 선덕학원의 역사를 통하여 부친을 기억하는 모든 분들에게 이 책이 우리의 작은 역사를 되살리는 계기가 되어, 더 나은 학교를 만드는 데 힘이 되길 바란다. 이 책에서 부족한 부분은 자료를 보완하고 글을 다듬어 다시 세상에 낼 것을 스스로 다짐한다.

2021년 가을
부친의 혼과 정성이 깃든
경주 선덕학원에서
子 **최경도**

목 차

석봉 연혁 / 3

책머리에 / 7

/ 1장 /　경주 손곡리―출생과 성장 / 13

/ 2장 /　관부연락선―출향과 귀향 / 43

/ 3장 /　학교의 탄생―만송교육재단 설립과 계림중학교
　　　　개교 / 77

/ 4장 /　선덕의 이름으로―선덕여자중고등학교에
　　　　이르기까지 / 107

/ 5장 /　석봉―나의 아버지 / 147

참고문헌 / 172

1장

경주 손곡리 — 출생과 성장

석봉의 흔적을 찾아서

1장. 경주 손곡리—출생과 성장

    고향은 늘 애잔한 마음을 불러일으킨다. 내가 태어난 고향도 그렇지만 조상들이 태어난 곳은 뭔가 말할 수 없는 향수를 일깨운다. 이제는 고인이 된 조상들이 태어난 장소를 찾는다는 건 자신의 뿌리를 찾는 행위에 그치지 않고 고행 끝에 찾아가는 성지순례와 같다. 내가 살아가는 현재의 시공간과 거리를 두면서도 불현듯 떠오르는 추억처럼 고향이—조상의 고향이—생각날 때면 나는 지체하지 않고 차를 몰아 조상들이 잠들어 있는 산소를 찾는다. 그리고 바로 그 지점에서 현재를 살아가는 나의 존재를 재확인한다.

※   ※

    나의 부친은 1917년 음력 10월 6일 경주 인근 월성군(月城郡) 천북면(川北面) 손곡리(蓀谷里) 313번지에서 태어났다. 본명은 최영수(崔榮銖)인데, 부친은 혼인 신고를 할 무렵 영소(榮造)로 이름을 바꾸었다. 석봉(石峯)은 어릴 적 아명(兒名)이었지만 부친은 후일 이것을 자신의 호(號)로 삼았다. 부친은 만송(晚松) 최찬해(崔贊海) 선생과 모친 윤종생(尹鍾生) 사이의 여덟 남매 가운데 넷째 아들로 태어나 집안에서 유일하게 대학 교육을 마쳤다. 호방한 성품과 거침없는 언행으로 유명했던 형들과 달리, 부친은 조용하고 내성적인 성격이었다. 이러한 성격과 함께 일찍부터 형제들과 다른 길을 걸어왔기에 만송 선생으로부터 많은 사랑을 받게 되었다.

부친이 태어난 손곡마을은 경주시 중심가에서 차로 반 시간 정도 걸리는 곳에 있다. 지금은 반 시간이면 갈 수 있는 거리가 되지만, 내가 어릴 적 명절이나 조상의 기일에 그곳으로 갈 때면 척박한 저수지를 돌아 차들도 쉽게 들어가지 못하는 오솔길을 따라 마냥 걸어가면 한나절은 족히 걸렸다. 과거에 수리조합에서 관리했던 이 저수지는 오늘날 보문호(普門湖)로 널리 알려졌고, 1970년대 들어 중앙정부에서 주도했던 보문개발사업으로 이 일대가 더욱 유명해졌다. 이제는 행정 구역이나 지리적 명칭보다 관광지로 더 알려진 보문단지를 지나 암곡(暗谷) 마을 입구에서 왼쪽으로 돌아서, 잘 포장된 도로를 따라 얼마쯤 가다보면 오른쪽으로 보이는 작은 동네가 바로 손곡마을이다. 작은 산이 온화하게 감싸 안은 이 마을은 보문관광단지 골프장과 천북면 물천리(勿川里) 사이에 놓여 있다.

손곡마을의 유래를 살펴보면, 일찍이 왜적의 침입을 피해 이곳으로 피신한 최(崔)씨, 박(朴)씨. 고(高)씨 세 성씨가 함께 거주한 이래 집성촌을 이루었다고 한다. 다른 한편으로, 조선 말엽 손의일이라는 선비가 이곳에 정착하면서 손실(孫室)로 부르다가 주변에 풀이 많아 자신의 성과 풀을 뜻하는 초(草)를 합쳐 손곡(蓀谷)으로 바꾸어 불렀다고 한다. 이 마을은 일제 강점기였던 1914년 면제(面制) 실시로 손곡리가 되었다. 해방이 되고 나서 1955년 시제(市制) 실시로 월성군 천북면 손곡리로 개편되었다가 1975년에 비로소 경주시에 편입되었다. 부친이 어린 시절을 보낸 이곳은 당시만 하더라도 외부와 왕래가 거의 없는 산골이었고, 마을에서 비교적 가까운 천북면사무소가 있는 동산리(東山里)가 행정의 중심이었다. 오늘날 손곡마을의 옛집들은 군데군데 주인 없는 폐가가 되어 허물어지다시피 되었다. 그러나 경주 시내와 교통이 편리한 탓으로 새로운 집들이 들어서, 과거와 현재가 기묘하게 혼재된 다소 비현실적인 풍경으로 평화스럽기 그지없던 산골 마을의 모습은 찾아볼 수 없게 되었다. 다행히 부친이 태어난 생가는 그런대로 보존되어 지금은 집안 종손이 여기서 지내고 있다.

손곡마을과 관련하여 언급되는 대표적 인물은 자희옹(自喜翁) 최치덕(崔致德) 선생이다. 조선 영조 때 학자였던 문효공(文孝公) 최치덕(1699–1770)은 글공부에 뛰어나 다섯 살에 처음 글을 배워 중국 고서를 두루 익혀 장원 급제까지 했으나 벼슬길로 나아가지 않고 벽촌에 묻혀 생활했다. 그는 조상이 잠든 손곡마을로 내려와 종오정(從吾亭)이라는 정자와 귀산서사(龜山書社)를 짓고 수많은 학자를 길렀다. 그는 학문에 힘을 쏟아 『역대시도통인(歷代詩道統引)』, 『심경집(心經集)』과 같은 저서를 남겼으며, 자신의 업적이 조정에 알려져 호조참판에 추증되었다. 영조 때 학자이자 경주 부윤(府尹)을 지낸 홍양호(洪良浩)가 쓴 「종오정 기문(記文)」에 따르면, 1747년에 건립된 '종오정'이라는 명칭에는 다음과 같은 뜻이 담겨 있다고 한다.

> 종오(從吾)란 뜻은 다른 데 있는 것이 아니다. 입을 것도 먹을 것도 없는 가난한 사람이 나를 따르고, 숲속의 새와 들녘의 사슴이 나를 따르고 놀며, 그 나머지 소나무에 부는 바람과 달빛, 시내에 피는 꽃과 국화, 이 모두가 나를 따라 즐겁게 놀 것이라 했다. (『자희옹선생문집(自喜翁先生文集)』. 354쪽)

자희옹 선생의 유적지로 알려진 종오정은 손곡마을 입구에 있으며, 귀산서사 및 연당(蓮堂)과 함께 경상북도 기념물 85호로 지정되었다. 연당에는 종오정을 중심으로 여러 종류의 나무들이 어우러져 근처에서 손꼽히는 정원 유적이 되고 있다. 최치덕 선생은 내 조부인 만송 선생의 6대조로서 고운(孤雲) 최치원(崔致遠)이 남긴 『경학대장(經學隊仗)』을 처음으로 발견하여 필사본으로 보관했다. 나중에 경주 서악서원(西岳書院) 유사(有司)를 지낸 내 조부가 이것을 다시 책으로 엮어 출간했다.

[종오정]

부친의 가계를 거슬러 올라가면 우리 집안은 자희옹 선생이 손곡마을에 정착한 이래 대대로 이곳에서 터를 잡고 살아왔음을 알게 된다. 경주최씨(慶州崔氏)는 최치원을 시조(始祖)로 하며, 우리 집안은 경주최씨 26파(派) 가운데 관가정공(觀稼亭公) 파에 속한다. 부친은 시조인 최치원의 30대손, 중시조(中始祖)인 관가정공 최청(崔淸)의 20대손이 된다. 그런데 경주가 고향인 내가 아직도 겪고 있는 '수난'은 외지 사람들이 종종 나를 경주 '최부자' 집안으로 알고 있다는 사실이다. 경주 남산(南山)에 구르는 돌이 모두 옥돌이 아니듯 경주 최씨가 모두 최부자가 아니라는 단순명료한 사실을 모르는 사람들이 의외로 많다는 건 신기한 일이 아닐 수 없다. 이러한 오해를 받을 때면 일일이 설명하기도 귀찮아 나는 그냥 잠자코 웃고 말 뿐이다. 말이 나온 김에 덧붙이자면 경주 최부자가 속한 파는 사성공(司成公) 파에 속하며, 관가정공 파와 함께 경주 최씨의 주축을 이루고 있다. 내 조부인 만송 선생은 '마지막 최부자'로 통하는 문파(汶派) 최준(崔浚)과 같은 연배로 두 어른이 생전에 특별한 사이인 데다 오래전부터 사립학교를 운영했던 우리 집안이 교동(校洞) 최부자 집과 대대로 가까운 관계였다는 사실이 이런 추측을 불러일으켰다고 본다.

　　자희옹의 6대손이 되는 만송 선생은 1884년(甲申年) 윤 5월 6일 손곡 아랫마을에서 태어났다. 선생은 1901년(光武 5년) 파평윤씨(坡平尹氏) 집안의 윤종생과 혼인하여 슬하에 5남 3녀를 두었다. 참봉 벼슬을 지냈던 윤하구(尹夏龜)의 여식이었던 내 조모는 월성군 천군리 소정마을 출신으로 조부보다 한 해 먼저 태어났다. 내 조모는 열아홉 살에 혼인했으며, 조부보다 5년 먼저 세상을 떠난 터라 기억에 남아 있지 않다. 전해 들은 바로, 내 조모는 자상한 성품으로 대가족을 거느린 시집에서 여덟 남매를 키우며 집안 살림에 정성을 다해 내 조부가 학문에 힘을 쏟도록 했다고 한다. 내 조모는 시댁 조상의 묘비를 세우던 날 밤, 산돼지 새끼들을 한꺼번에 품는 꿈으로 잇달아 자식들을 낳아 조상의 음덕에 감사했다고 들었다.

[나의 조부모님]

부친은 아들 다섯 가운데 네 번째였다. 위로는 맏형인 최영구(崔榮久). 둘째인 최영하(崔榮夏), 셋째인 최영태(崔榮泰), 아래로는 최영대(崔榮大)가 있었으며, 여자 형제로는 최연순(崔連順), 최순하(崔順河), 최성조(崔聖祚)가 있었다. 내게 큰삼촌이 되는 최영구는 해방 후 월성군 천북면 초대 면장을 지냈으나 비교적 이른 나이(47세)에 세상을 떠났다. 어릴 적 이따금 뵌 적이 있었던 셋째 삼촌은 내가 초등학교에 다닐 무렵 세상을 떠났다. 비교적 오래 생존했던 두 삼촌과 고모들은 오랫동안 우리 집과 내왕했다. 외향적 성격인 부친의 형들은 사교에 능할 뿐만 아니라 사업가적 기질도 농후하여 조용히 자신의 길을 걸었던 부친과 크게 달랐다. 따라서 독립적이면서 개인적인 생활 방식을 중시했던 부친은 형제들과 거리를 유지하며 지냈다. 나와 특별히 가까웠던 분은 둘째 고모였다. 내가 고등학교에 입학하여 처음 집을 떠나 서울로 갔을 때 잠시 신세를 진 적이 있었던 이 고모는 객지 생활을 시작한 나를 자식처럼 보살펴준 인정 많은 사람이었다. 경주 시장과 국회의원을 지낸 고모의 큰사위가 만송교육재단(晩松敎育財團) 이사장을 맡은 적이 있어 이 고모 가족과 우리 집은 이래저래 사이가 긴밀했다.

    부친의 생애에 절대적 영향을 끼친 인물은 두말할 나위 없이 만송 선생이었다. 내 조부는 자희옹 선생 이후 두각을 내지 못했던 우리 집안의 중흥을 일으킨 인물로, 강직한 성품과 총명한 혜안을 가졌을 뿐만 아니라 이재(理財)에도 뛰어났다. 유학자로서 언행에 빈틈이 없었던 조부는 단아한 용모와 엄격한 눈빛에 위엄이 넘쳐흐르는 분이었다. 검소한 생활과 정확한 판단으로 큰 재물을 쌓았던 조부는 그 당시 천북면 일대에 온종일 걸어 다녀도 될 만큼 넓은 땅을 소유하고 있었다. 뿐만 아니라, 천북면과 경주시 일대에 여러 양조장과 과수원들을 소유하여 집안은 물론, 마을 살림까지 떠맡기도 했다.

[만송 선생]

옛 선비의 전형 같았던 내 조부는 1960년에 별세했다. 하지만 어릴 적 우리가 살던 집에서 모신 덕분에 아직도 많은 기억이 남아 있다. 갓에다 두루마기를 입고 한 치도 흐트러짐 없는 표정과 자세를 유지했던 조부는 유학자로서 이념을 실행하는 가운데 말과 행동의 절제가 뛰어났다. 이것은 언어와 행동의 과잉에서 많은 문제가 빚어지는 요즘 세태를 생각한다면 시사할 점이 많다. 조부는 무엇보다 자신을 엄하게 다스렸고, 정직하게 일을 처리했으며, 감정의 변화를 겉으로 드러내지 않았다. 마을 사람들이 풍류를 즐길 때도 함께 어울리지 않았고, 속세를 벗어나는 고고함이 있어 주변에서 감히 접근할 수 없는 기상이 있었다고 한다. 일찍부터 부모에게 정성을 다하며 조상인 자희옹 선생을 위한 사업에 몰두했던 조부는 자식들에게 이렇게 훈계했다.

> 청빈(淸貧)은 우리 집안의 본분이고 효우(孝友)는 집안에서 대대로 내려오는 업(業)이니라. 글을 배워 행동으로 옮기지 않는 것보다 안 배우고 올바르게 행실하는 것이 더 낫다. 무릇 배우는 사람이 입지가 확고하지 않으면 배운 바가 굳게 지켜지지 않으니 배워 무슨 소용 있겠는가. (『만송유고(晚松遺藁)』. 178쪽)

만송 선생의 강직한 성품을 단적으로 보여준 일화가 있다. 일제강점기 마을에 살던 무리들이 문서를 위조하여 집안의 토지를 가로채려 하자 선생은 크게 탄식하며, "소인이 어찌 의리를 이렇게 저버리는가. 왜정 법정에 제소하는 것은 본디 내가 하고자 하는 바 아니지만 부득이한 처지에 이르니 어쩔 수 없다"라고 하시고 소송으로 토지를 되찾게 되었다. 이 과정에서 재판장이 재산을 나누어 가지라고 거듭 종용하자 선생은 정색을 하며, "옳고 그름이 분명하여 나눌 수 없는 토지를 왜 반분(半分)하라 하는가. 이는 너희들 탐욕스러운 머리에서 나온 발상이로구나. 그렇다면 너희들은 우리에게 가져간 토지를 왜 돌려주지 않는가"라고 대답했다. 배심원 판사가 이 말을 옮기자 재판장이 책상을 치면서 크게 화를 내며 불경죄로 처단하겠다고 위협했으나 선생의 태연자약한 모습에 일은 그대로 끝나고 말았다. 이 일화는 유학자로서 기개와 함께 강직한 성품과 처연한 태도로 일관했던 만송 선생의 면모를 그대로 보여준 것이다.

　　세월의 흐름에 따라 기억에서 점차 사라지긴 했어도 조부에 대한 추억 가운데 강하게 남아 있는 건 어릴 적 육십갑자(六十甲子)나 24절기(節氣) 및 천자문(千字文) 등을 배우던 시절이다. 조부의 유려한 필체로 씌어진 한자어를 앞에 놓고 숨 막힐듯 이어지는 진도를 따라가다 어느 대목에서 잠시라도 방심하게 되면 곧바로 회초리를 들고 벌을 내리던 조부의 엄한 모습은 나에겐 두려움 자체였다. 지금에서야 생각하면 고령에도 불구하고 손주들 가운데 나와 내 누님에게 그처럼 철저한 교육을 했다는 것은 행운이 아닐 수 없었다. 그것은 단지 우리가 살던 집에서 조부를 모셨기 때문에 가능한 일이었지만, 조부가 끼친 정신적 영향은 부친을 넘어 우리 가족 모두에게 깊이 새겨져 있다. 특히 정성을 다해 어른을 모셨던 내 모친은 집안의 정신적 지주였던 시아버지가 세상을 떠난 후 심한 공허감으로 평정심을 유지하지 못했다.

　　부친에 대한 글을 쓰는 가운데 절실히 느낀 점은 1938년 도쿄 유학 이전의 행적에 대하여 기록상으로 남아 있는 자료가 별로 없다는 사실이었다. 이 시기에 부친보다는 오히려 만송 선생에 대한 기록이 더 많다는 사실은 어쩔 수 없이 조부에 대한 언급을 상세히 할 수밖에 없는 이유가 된다. 부모와 자식, 혹은 부자 사이의 관계가 지금과 비교할 수 없을 만큼 밀착되었던 당시 상황에 견주어 볼 때 만송 선생에 대한 조명은 역으로 부친의 과거를 밝히는 거울과 같은 역할을 한다고 여겨져 내 조부에 대한 사실들을 좀 더 말해보려고 한다.

여기서 만송 선생의 이력을 잠시 살펴보기로 한다. 선생은 일찍이 영남 지역의 뛰어난 유학자였던 회당(晦堂) 장석영(張錫英) 문하에서 수학하였고, 담원(薝園) 정인보(鄭寅普), 문암(文巖) 손후익(孫厚翼), 문파 최준 등과 깊은 교우관계를 맺었다. 1914년에 6대조 최치덕이 남긴 글들을 모아 『자희옹선생문집(自喜翁先生文集)』(상하권)을 간행 배포하였고, 1916년에는 『경주최씨족보』(15권)를 간행했다. 한편, 1919년(己未年) 고종이 세상을 떠났을 때 고종이 안장된 경기도 남양주 금곡리에 가서 사람들과 함께 곡(哭)을 했으며(금곡회곡), 독립 만세를 외치다 왜경에 체포되어 수일간 고문을 당하기도 했다. 같은 해에는 전국 유림단(儒林團)이 주도했던 파리장서운동(巴里長書運動)에 참가하려다 가까운 인물들이 체포되는 바람에 뜻을 이루지 못했다. 이후 1924년에는 경주 서악서원 유사가 되어 『대동보(大同譜)』(56권)를 간행했고, 손곡 아랫마을에 만송정(晩松亭)을 건립했다. 1926년에는 문창후(文昌侯) 최치원이 지은 『경학대장』의 판각(板刻)을 간행 배포하였는데, 이 목판각(木版刻)은 현재 경주 선덕여자고등학교에 보관되어 있다.

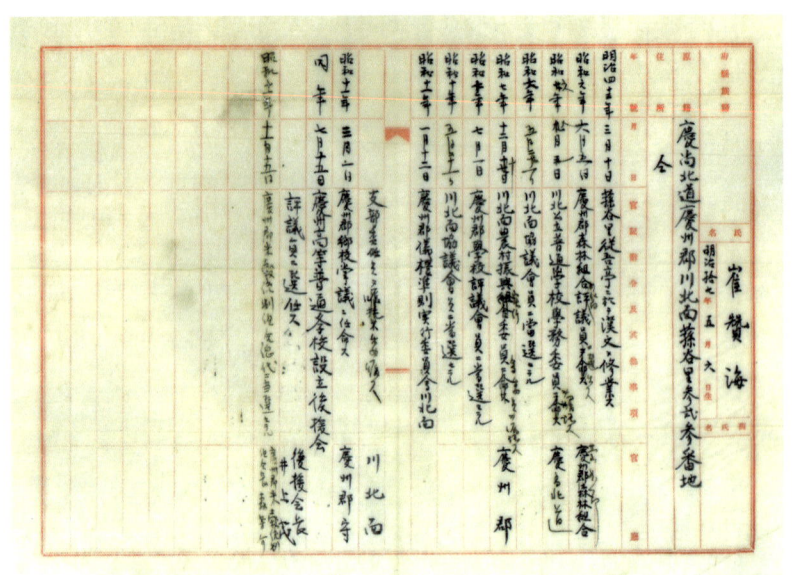

[만송 선생 자필]

  만송 선생은 1947년 마을 인근 물천국민학교가 개교할 때 부지를 기증하였으며, 종오정 귀산서사를 중창(重創)하여 최치덕의 학문과 덕행을 추앙했다. 이후 경주 향교에서 학생들을 가르치는 직책인 장의(掌議)를 맡았으며, 육영사업에 뜻을 품고 1948년 학교법인 만송교육재단을 설립하였다. 재단 설립과 함께 경주예술학교를 인수하여 운영했고, 1952년 문교부로부터 계림중학교(鷄林中學校) 설립 인가를 받았다. 선생은 1960년 4월 23일 향년 77세로 세상을 떠나 자신이 태어난 손곡마을에 안장되었으며, 1999년 교육사업에 대한 공적으로 정부로부터 국민훈장 동백장을 받았다.

  내 조부와 관련하여 특별히 언급해야 할 장소는 1924년 손곡마을에 건립된 만송정이다. 조부가 쓴「만송정기(晚松亭記)」에 이 정자는 이렇게 설명되었다.

정자는 경주시 손곡리의 산수가 둘러싼 곳에 내가 세웠다. 거실과 매우 가깝고 마을이 지호(指呼)의 사이에 있어 부르면 서로 응하고 기거(起居)가 바로 인접해 있다.... 여러 사람들이 말하기를 '이곳은 집안의 사랑채가 아닌즉 마땅히 이름이 있어야 한다.'고 하였다. 이리하여 내가 '晚松亭'이라는 편액을 붙였다. 이는 송(宋) 범노공(范魯公—명나라 사람으로 송을 섬긴 宋范質을 말함)의 '더디게 자란 산기슭의 소나무는 무성하고 늦도록(겨울에도) 푸르구나'의 뜻을 취하여 지은 이름이다. (『만송유고』. 90쪽)

이처럼 만송 선생의 뜻을 담아 건립된 이 정자에는 놀랍게도 국학자이자 당대의 문사였던 위당(爲堂) 정인보 선생이 직접 기문(記文)을 썼다. 만송 선생은 여기에 대하여, "선생께서 정자의 기문을 지어 주셔서 감사하온데 글씨까지 써 주시니 그 무엇으로 사례하고 보답해야 되겠습니까. 만송정의 역사(役事)가 끝나고 낙성하는 날 선생을 한자리에서 받들어 모시고 싶습니다만 외람되이 어찌 바랄 수 있겠습니까"라며 정중히 감사했다(『만송유고』, 68쪽). 오늘날 종오정과 더불어 손곡마을의 상징이 되고 있는 만송정의 입구에는 다음과 같은 안내문이 세워져 있다.

이곳은 1924년 최찬해(崔贊海) 선생께서 배움에 뜻을 둔 경주 지역의 젊은 인재들을 가르칠 목적으로 세운 정자이며 선생의 호 만송(晚松)을 따서 만송정(晚松亭)이라 이름 지었다. 일찍이 만송 선생의 6대조 자희옹(自喜翁) 선생께서 종오정(從吾亭)을 지어 인재양성에 헌신하셨고, 그 일은 대를 이어 만송 선생으로까지 계속되었다. 만송 선생께서는 종오정을 부친 문우(文友)분들의 휴양처로 열어 두시고 만송정에서는 당신의 학문정진과 인격 수양의 장(場)으로 삼고 그곳에서 후학을 가르치셨다. 해방을 맞아 나라가 어지럽고 사회가 혼란하였을 때, '나라를 구하는 길은 젊은 인재를 키우는 데 있다'라고 하시며 사재를 내어 만송교육재단(晩松敎育財團) 설립의 큰 뜻을 펼치신 곳이다. 만송정은 1949년 4월 26일 만송교육재단 설립 후, 경주예술학교와 계림중학교를 거쳐 현재 선덕여자중고등학교로 성장은 물론, 미래를 향한 교육사업의 모태가 되어 있다.

[만송정]

만송정은 나에게 추억과 감회가 교차하는 곳이다. 이곳은 조부가 문인들과 교류하고 젊은 인재들을 교육했던 공적인 장소였을 뿐만 아니라 생활 터전이 되기도 했다. 정자 내에 있는 두 칸의 방은 지금 기준으로 보면 협소하기 짝이 없지만, 내 조부는 여기서 호롱불을 밝혀 놓고 밤늦도록 학문에 몰두했다. 조부가 세상을 뜬 다음에는 부친의 세대가 이곳을 찾았고, 이제는 다음 세대에 속하는 내가 여기를 찾게 되어 면면히 흐르는 시간을 확인하게 된다. 특히 매년 5월 6일 만송교육재단 설립 행사(이 행사는 조부의 탄생일에 맞추어져 있다)에는 학교 교직원들과 산소 참배를 하고 나서 이곳을 찾아 시원한 대청마루에서 다과회와 기념 촬영을 한다.

[만송정 단체 사진]

하지만 만송 선생이 검약의 정신으로 일군 많은 재산은 후손들에게 긍정적으로 작용하지 못했다. 나는 언젠가 명절 차례에 들렀다가 집안 어른으로부터, "우리 집안은 놀고먹는 사이 기울어진 셈이야"라는 탄식을 들은 적이 있다. 만송 선생의 재산이 당대는 물론, 사후에 이르러 후손들이 게으른 습성으로 빠져들게 만든 요인이 되었다는 사실은 참으로 안타까운 노릇이다. 적지 않은 집안사람들은 당장 눈앞에 보이는 이득 때문에 만송 선생이 남긴 토지와 양조장, 과수원 등을 함부로 팔아넘겨 성실하고 정직하게 살아온 어른의 뜻을 저버렸던 것이다. 어릴 적 나는 집안의 누군가가 조부의 땅을 '팔아먹었다'

는 말을 익히 들었지만, 사실 그토록 줄기차게 팔아넘길 재산이 있다는 건 미스터리에 가깝다. 집안사람들이 조부의 정신을 제대로 계승하지 못했다는 점은 위인 같은 풍모로 평생에 걸쳐 자신을 수양하고 주변을 감화시키며 집안의 위상을 드높였던 업적을 생각하면 비애감이 들 정도이다. 만송 선생의 이름으로 지금까지 남아 있는 것은 학교법인 만송교육재단의 이름과 법인에서 운영하는 중고등학교가 전부라는 사실은 나에게 그 무엇과도 견줄 수 없는 책임감을 들게 한다.

[만송 선생 유품]

한편, 평생토록 만송 선생에 대한 효성이 지극했던 부친은 조부가 살아계실 때는 물론, 세상을 떠난 다음에도 어른을 받드는 일이라면 정성을 다했다. 조부의 흑백사진이 걸린 우리 집 안방은 부친이 조석으로 참배하는 신전이나 다름없었다. 부친이 세상을 떠난 후 나는 서랍 속에서 부친이 직접 쓴(아마 묘비문을 염두에 두고 쓴 듯한) 글을 발견했다.

한평생을 부모님의 은혜에 보답하고자
정성을 다하더니 이제는 부모님의 품 안에서 영원히
잠들고 있다.

　　부친은 유년기에 서당에서 한학(漢學)을 수학했다. 마을 아이들과 함께 다녔던 서당에서는 천자문과 기초 한문이 다루어졌으며, 부친은 뛰어난 기억력과 노력으로 주변의 촉망을 받았다. 12살이 되던 1928년 4월, 부친은 당시 시골에서 처음으로 생긴 천북공립보통학교(川北公立普通學校)에 입학했다. 4년제였던 이 학교를 마친 다음 부친은 경주 읍내에 있는 6년제 경주공립보통학교(慶州公立普通學校) 5학년에 편입하여 2년 후 졸업했다. 부친이 다녔던 경주공립보통학교는 오늘날 100년의 역사를 가진 경주계림초등학교로 변모되었다. 현재 경주 성건동에 소재한 이 학교는 본디 있던 자리가 아니고 경주역 앞 성건시장 부근에 있었던 예전 학교가 옮겨온 것이다. 이 학교는 1907년 4월 개교하여 1938년 4월 계림공립심상소학교가 되었다. 그 후 1941년 4월 계림공립국민학교로 개칭되었다가 1996년 3월 계림초등학교로 명칭이 바뀌었다. 일제 강점기 지역 교육의 중심이었던 이 학교 졸업생 가운데는 국무총리를 지낸 신현확(申鉉碻), 서양화가 손일봉(孫一峰), 국세청장 김수학(金壽鶴), 서강대 총장 박홍(朴弘) 등과 함께 지역에서 활동했던 정치인들이 꽤 있었다.

[경주공립보통학교 전경]

　부친이 보관했던 경주공립보통학교 졸업 앨범(1934년)을 보면 일본인 지바(千葉) 교장 아래 일본인 교사 1명과 한국인 교사 10명이 있었다. 부친이 속한 25회 졸업생 숫자는 두 학급을 합쳐 모두 102명이었다. 부친이 이 학교에 다닐 무렵 교과 과정에는 '국어'에 해당하는 '일본어 독본'과 역사가 중심이었고, 앨범에 나와 있는 사진에 농업 실습과 체육 활동이 엿보였다. 교정에 일장기가 펄럭이고 단정히 빗은 머리에 시대에 걸맞지 않을 만큼 세련된 양복을 걸친 일본인 교장의 사진을 보면서 나는 묘한 기분이 들었다. 식민시대를 살아갔던 부친의 모습을 사진으로 확인하는 순간, 세월의 흐름으로 단절되지 않는 과거의 흔적을 발견하는 느낌이 들었다. 식민시대에 받는 교육이 아무리 짜임새가 있다한들 그 당시 학교교육이란 배우는 즐거움보다 피지배자로서 위치를 확인하는 모순된 시간이 아니었을까.

 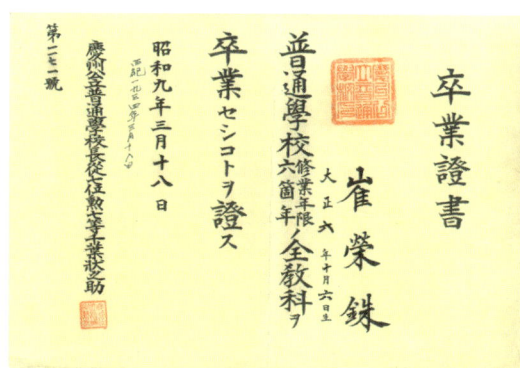

[부친 졸업사진과 졸업장]

    부친이 경주공립보통학교에 들어갈 무렵 이 학교는 군내(郡內)에서 가장 큰 학교였을 뿐만 아니라, 전국에서도 서울, 평양, 대구, 경주에만 세워진 6년제 학교였다. 이처럼 명성 있는 학교인지라 당시 경주 군내 출신이라도 읍내 출생이 아니면 들어가기가 매우 어려웠다. 부친이 천북공립보통학교에서 이 학교 5학년에 편입할 무렵 옛날 경주역 근처에서 도립병원을 운영하던 집안사람의 도움을 받았다고 한다. 경주공립보통학교에 재학 중 눈에 띌 만한 일은 6학년 가을 운동회 때 전교생을 대표하여 대회 우승기를 받았던 순간이었다. 부친은 시민들의 축복을 받았던 그때 감동을 생생히 기억하며 가슴 깊이 추억으로 삼았다고 한다. 부친은 1934년, 당시 일본인 학교였던 경주공립심상고등소학교(慶州公立尋常高等小學校) 고등과(高等科)에 입학하여 줄곧 우등생으로 지내다 1936년 3월 이 학교를 졸업했다. 그런 다음 내 조부가 경영하던 동산양조장(東山釀造場)에서 잠시 근무하다 타오르는 향학심을 억누를 수 없어 지금의 서울인 경성(京城)으로 올라가 검정시험을 준비했다. 하지만 반 년도 못 되어 만송 선생의 부름으로 공부를 중단하고 돌아와 양산 통도사 사명암(四溟庵)과 경주 남산 삼불사(三佛寺)에서 검정시험 준비를 계속하였다. 그러다 스스로 표현처럼, "청운의 꿈을 이루기 위해서는 그대로 있을 수가 없어 불효막심하게도 무단가출하여" 단신으로 일본 유학길에 올랐다.

내가 보관하고 있는 오래된 호적등본을 보면 부친은 1938년 5월 26일 내 어머니 오만호(吳萬浩)와 혼인 신고가 되어 있다. 호적을 살펴보면 부친은 이보다 두 해 전인 1936년 4월 25일, 여강이씨(驪江李氏) 집안의 여성과 혼인 신고가 되었고, 다음 해 2월에는 처(妻) 사망으로 나와 있다. 이 기록으로 추정하건대 부친은 경주공립심상고등소학교를 졸업하던 해 혼인을 했지만, 얼마 후 아내가 사망하고 나서 이듬해 내 어머니와 결혼했다. 이 결혼은 부친이 일본으로 건너가기 전에 이루어졌으므로 부친은 신혼인 아내를 시댁에 맡겨두고 홀로 유학을 떠났던 것이다. 우리 집에서는 한동안 매년 음력설이 지날 무렵 따로 제사를 지내던 적이 있는데, 그 제사는 혼인을 하고 금방 세상을 떠난 인물에 대한 제례였다. 그런 까닭인지 부모님은 내 결혼을 앞두고 혼담이 오갈 때 상대방의 성씨를 물어보며 여강이씨 집안과 인연이 없다고 했다.

내 모친의 본관은 전북 고창(高敞)이다. 내 외가는 전국 여러 지역으로 흩어진 고창 오씨 후손들이 월성군 외동면 개곡리에 정착함에 따라 근처 도지(道只) 마을에 집성촌을 이루며 터를 잡았다. 모친은 외조부 오병언(吳秉彦)과 같은 경주 출신인 외조모 이성월(李城月) 사이에서 태어난 4남매(3남 1녀) 가운데 둘째였다. 모친은 1920년 양력 12월 27일에 태어나 1938년 부친과 혼인하여 3녀 1남을 두었다. 모친은 어린 시절에 한학자였던 내 외조부로부터 글을 배웠으며, 그 시절 여성으로선 흔치 않게 우리말을 정확히 문장으로 표현했다. 내 모친이 어떤 인연과 혼맥으로 부친과 혼인했는지 알 길이 없지만, 인구 이동이 많지 않았던 시절 같은 고을에 살았던 양가 어른들이 혼담을 주선하지 않았을까 짐작할 따름이다. 손곡마을에 세운 정자를 중심으로 문우들과 교류가 활발했던 만송 선생은 여러 마을에서 온 문인들과 자연스레 친분을 나눌 기회가 많았고, 근처에서 한학을 했던 외조부와 응당 만날 기회가 있었을 것이다.

[젊은 시절 나의 부모님]

나는 외조부에 대하여 아는 바가 없다. 어릴 적 모친을 따라 외갓집에 가서 외조모를 뵌 적이 많았기 때문에 지금도 외조모에 대한 인상은 뚜렷하지만, 외조부에 대해 거의 들어보지 못했다. 경주 시내에서 비교적 가까운 곳에 지내며 당시로선 집안 살림을 꾸려나가기에 부족하지 않을 만큼 전답을 소유하였던 외조부는 한학에 유식하여 가택에 서적이 많았다고 한다. 나는 언젠가 『만송유고』를 읽다가 외조부가 별세했을 때 만송 선생이 쓴 「吳秉彦께 제사(祭祀)하는 글」이라는 제문(祭文)을 우연히 발견했다. 내용을 그대로 옮기면 다음과 같다.

아, 공(公)과 내가 유명(幽明)을 달리하니 나의 마음 더욱 애절한데, 생로병(生老病)은 진실로 사람이 겪어야 할 상리(常理)라고 하지만 어찌 떠나심이 이렇게 빠를 줄이야 알았겠습니까. 공은 도량과 타고난 천성으로 마음가짐이 견고하고 처사(處事)가 주밀하였지요. 한묵(翰墨)에 관여하면서도 겉으로 드러내지 않았고 남들의 곡직(曲直)을 보고도 밖으로 나타내지 않았습니다. 항상 겸손하며 스스로 마음을 다스려 몸에 의복도 이기지 못하는 듯하지만 안으로 강인한 지조가 있었고, 부드럽기는 시속(時俗)을 따르는 듯했지만 의지는 항상 흔들리지 않았습니다. 그러므로 70평생에 가까운 사람을 알고 있어도 공을 모르는 이가 언제나 많았지요. 그리고 오직 효우(孝友)로써 법도를 세우니 가도(家道)가 화목하고 시례(詩禮)로써 가르치니, 아들이 모두 준수한 자질로 살얼음 밟는 듯 세상을 살아가고 있지만 염려를 끼친 이가 없었습니다. 내가 선조(先祖)를 찬양하는 일로 선정(先亭)인 종오정(從吾亭)을 지어서 편액을 달고 빈객을 초청하여 숙영(宿營)을 하였을 때 내 아이를 공의 집에 보냈지요. 또한 공께서는 홀로 옛집을 지키며 농사를 짓고 만년의 계획을 세웠지만 세로(世路)가

험난하여 모든 일이 뜻대로 이뤄지지 않았습니다. 그리하여 심상(尋常)히 개탄하여 잔술을 즐기고 친구와 어울려 시를 읊으며 즐거워했지요.

아, 공과 나는 집이 남북으로 30리의 거리에서 이미 벗으로 상허(相許)하며 반장(潘場)의 정의를 맺었고(역주—통혼한 집안 사이의 화목함을 말함), 쌓인 심정을 토로하며 담소로 흡족한 즐거움을 나누었습니다. 공께서 일찍이 내가 사리를 안다고 하여 일이 생기면 응문(應門)하여 왔지만 내가 아는 바 없어 답변을 못했지요. 오직 공은 근졸(謹拙—성실하고 질박하다는 뜻)로써 서로 의지하고 도왔었는데, 아, 지금은 모두 끝이 났습니다. 늙은 나이에 이별하니 이별이 어찌 능히 장구(長久)하겠습니까. 구름 덮인 산이 우뚝한데 저 무덤이 누구의 것이며, 흐르는 물이 넘실거리는데 저 강을 건너는 사람이 그 누구인지요. 달이 돋아 차가운 물가를 비추니 보름달 그믐달의 영휴(盈虧ー가득 차고 빈다는 뜻)는 자연의 이치며, 새들이 지저귀며 텅 빈 골짜기로 날아다니고 있습니다. 날아가는 거래(去來)는 또한 저들의 마음이고, 내가 장차 무슨 말로써 곡(哭)을 하려니 모름지기 머잖아 구천(九天)에서 다시 서로 만나게 되겠지요. 아, 슬프도다. (『만송유고』. 118-19쪽)

이 글로 보건대 만송 선생과 내 외조부는 평소 자주 교류가 있었던 것으로 짐작된다. 세상을 떠난 외조부를 추모하며 만송 선생이 쓴 시에는 그를 두고 이르기를, "따뜻한 화기(和氣)는 봄날 같아 칠십 평생을 한결같이 집중하였네. 근졸한 삶에 가벼운 자태 볼 수 없고 꾸밈없는 생활에 옛 위용 지키었다"(『만송유고』, 58쪽)라고 했다.

외조부에 대한 기억은 없어도 외조모와 외삼촌들에 대한 기억은 세월이 흘러도 선명하다. 부친의 장모가 되는 내 외조모는 평범한 가문 출신이었다. 아련한 내 어릴 적 추억에는 모친과 함께 외조모가 살고 있던 둘째 외삼촌 집을 찾아가 밤늦도록 도란도란 얘길 나누던 모녀—외조모와 모친—사이에서 스르르 잠에 빠지던 적이 많았다. 일찍 아내를 떠나보낸 외삼촌의 뒷바라지를 맡았던 인정 많은 외조모는 이따금 허리춤에서 돈을 꺼내 용돈을 주곤 했다. 외삼촌들 가운데 가장 기억에 남는 인물은 큰외삼촌인 오기상(吳奇祥)이었다. 집안의 맏형 격으로 강한 카리스마를 가졌던 그는 세무 공무원으로 출발하여 부산과 경남 등지에서 세무서장을 거친 후 서울 을지 세무서장과 국세청 고위직을 지냈다. 다소 배타적이며 각자 특출한 개성으로 말미암아 구심점이 약했던 부친의 형제들에 비해 모친의 형제들이 비교적 친화적이었던 이유는 집안 분위기와 함께 걸출했던 맏형의 역할이 컸다. 부친과 같은 나이로 집안 대소사를 두루 돌보았던 큰외삼촌이 안타깝게도 예순을 겨우 넘어 세상을 떠나자 온 집안이 슬픔에 잠겼으며, 나의 외가는 지금도 그 공백을 메우지 못하고 있다.

부친은 내 어머니 사이에 3녀 1남을 두었다. 장녀인 동숙(東淑, 1940년 출생), 차녀인 경숙(慶叔, 1948년 출생), 삼녀인 윤희(允僖, 1950년 출생), 그리고 나(景燾, 1952년 출생)이다. 큰딸은 황석지(黃錫志) 사이에 경신(慶信)을, 둘째는 김기운(金奇雲) 사이에 성훈(成勳)과 도준(渡峻)을, 셋째는 박장한(朴章漢) 사이에 선영(宣映), 성준(成晙), 성호(成晧)를, 나는 아내 권영라(權玲羅) 사이에 아영(娥瑛)과 석원(碩元)을 두었다. 부친은 호적상으로 분가했어도 만송 선생을 직접 모셨다. 만송교육재단 설립을 시작으로 경주예술학교 인수와 계림중학교 개교로 이어지는 과정에서 형제들 가운데 유일하게 만송 선생과 일심동체로 움직였기 때문에 어른의 영향이 클 수밖에 없었다.

내 모친은 유교사상이 강한 집안에서 시아버지를 모신 까닭에 어린 자식들에게 애정을 표현하는 것조차 조심했다. 자식이 귀하더라도 어른의 눈치를 살피느라 사랑을 베풀기도 쉽지 않았을 테지만, 이런 태도는 부친이 더 철저했다. 시어른을 모시는 데다 맏며느리 역할까지 맡아 조금도 한가할 틈이 없었던 모친은 내겐 언제나 바쁜 모습으로 각인되었다. 하지만 유교적인 대가족제에서 부덕(婦德)이 강요된 희생이 아니라 집안을 위해 기꺼이 자신을 희생했다. 어떤 힘든 일도 마다하지 않았고 궁핍한 시절에도 자신에게 맡겨진 일들을 다 하면서 부엌일이나 밭일 등을 가리지 않고 해냈다. 이러한 태도는 타고난 품성에다 경주 남산에 있는 보리사에 오랫동안 출입하면서 길러진 수양과 극기심에서 비롯되었다. 비구니 사찰인 이곳은 내가 태어나기 전부터 모친이 불공을 드리던 장소였고, 경내 석불좌상으로 유명하다. 어릴 적 자주 갔던 이 절은 무엇보다 모친의 추억이 베인 탓에 지금도 이따금 찾는 곳이다.

나의 옛 추억은 조부와 부모가 서로 겹친 부분이 많았다. 조부와 함께 지냈기 때문에 나와 누님들은 옛날 어른의 생활 방식에 익숙해졌고, 식사마저 조부의 식성에 맞춘 까닭에 또래 아이들이 먹는 것과 달랐다. 만송 선생은 워낙 옛날 어른이라 손주들이 가까이하기 어려웠지만, 세상을 떠나기 전까지 집안의 구심점 역할을 했다. 내 모친은 딸 셋을 낳고 나를 낳았는데 유교적 가풍이 강한 집안 분위기에서 적지 않은 마음고생을 했을 것이다. 부친이 아들로 네 번째였지만 모친은 그 시대 며느리들처럼 아들에 대한 강박관념이 컸을 터이고, 이런 소망은 정성을 다해 빌었던 보리사 기도로 이루어졌다고 주위에 말했다. 그런데 오래된 가족 문서를 살피다 나는 우리 집에서 나보다 7년 먼저 태어난 아들이 있었다는 사실을 발견했다. 어릴 적 어렴풋이 들은 적이 있었지만, 큰누님과 둘째 누님 중간에 출생했던 이 아이는 태어나 얼마 살지 못하고 홍역으로 사망했다고 한다. 아마 이때 겪은 상처가 모친이 어릴 적부터 내 건강에 집착하는 요인이 되었을지 모른다.

내게 영원한 모성의 이미지로 남아 있는 모친을 회상해보면 그처럼 바쁘고 힘든 상황에서도 나약한 모습을 보인 적이 없었다. 모친은 낙천적인 성품은 아니었어도 늘 웃음기를 띠며, 대화에서 상대방의 장점을 추켜세우고 누구를 비난하는 적이 없었다. 모든 것이 결핍되었던 시절, 모친은 늘 따뜻한 시선으로 가족과 주변 사람을 감쌌다. 모친의 뛰어난 면모는 크고 작은 갈등이 생겨났던 우리 집안 전체에서 언제나 화합자 역할을 했다는 데 있다. 이런 점에서 집안에서 발생하는 갈등의 조정자였던 모친은 누구도 따를 수 없는 존재가 되었고, 부친이 어려운 환경에서 학교를 운영하던 긴 세월 동안 버팀목이 되었다. 모친은 1999년 7월 세상을 떠나기 전까지 하루도 빠트리지 않고 집에서 가까운 선원(禪院)으로 새벽 기도를 다니며 가족의 행복을 기원했다. 지금도 눈 감으면 온 가족이 잠들어 있는 이른 새벽, 신발을 끌며 대문을 지나 천천히 골목길로 나서던 모친의 형상이 저절로 떠오른다.

부친이 남긴 기록 가운데는 메모지 위에 '母父母'라고 쓴 다음, 부모님 은혜에 감사하는 글귀가 자주 눈에 띈다. 이것을 볼 때마다 나는 여덟 남매 중 네 번째였던 부친에게 어째서 부모의 존재가 이토록 강렬하게 각인되었는지 궁금증이 들었다. 형제들 가운데서 부모에 대한 공경심이 남달랐던 부친에게 부모의 존재가 특별할 수밖에 없었을 테지만, 다른 한편으로 한평생 학교 사업에 몰두하면서 만송 선생의 유업을 계승했기 때문이라고 본다.

부친이 유학을 떠난 해는 1938년, 그러니까 일본의 식민지배가 어느덧 28년이나 지속되었던 때였다. 이 무렵 일제에 의해 일본어 사용이 강요되고, 학교에서 조선어가 폐지되는 가운데 식민지 정책이 한층 강화되었다. 이처럼 식민통치라는 암울한 기운이 한반도 전역에 드리워진 시기에 부친은 과감히 배움에 대한 도전장을 내밀었다. 그리고 지금까지 자신의 보금자리가 되었던 고향을 떠나 한 번도 가본 적이 없는 미지의 세계로 떠난 것이다.

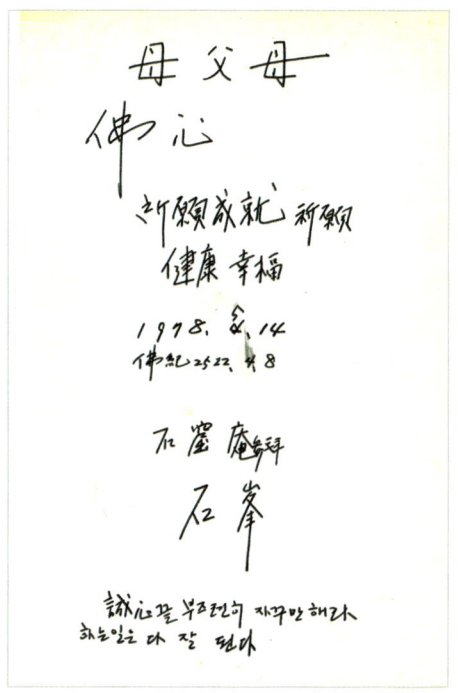

[부친 메모]

　내 짐작으로 일본 유학이라는 그 당시 집안에서 누구도 꿈꾸지 못했던 모험을 시도할 때 부친은 나름대로 많은 준비를 했다고 본다. 제국의 심장부인 도쿄로 간다는 건 치밀한 준비 없이 도모할 수 없을 뿐만 아니라, 식민지배를 받는 국민으로서 낯선 환경으로 들어가는 데 따른 온갖 위험을 감수해야 되었기 때문이다. 더욱이 이 시도는 자신에게 정신적 지주였던 만송 선생의 허락 없이 감행되는, 실로 앞날이 불확실한 모험이나 마찬가지였다. 나는 부친이 여행에 따르는 경비를 어떻게 조달했는지 모른다. 하지만 고향을 떠나 배편으로 일본에 간 다음, 도쿄에서 체류할 장소를 찾기까지 상당한 어려움에 직면했을 것이다. 이 모든 불확실성에도 불구하고 부친은 때마침 집안 장손의 결혼식으로 온 집안이 떠들썩한 틈을 타서 홀연히 유학길에 올랐다. 이때의 날짜는 정확히 1938년 3월 5일이며, 부친의 나이가 스물한 살 되던 해였다.

[만송 선생]

[훈장]

2장

관부연락선 — 출향과 귀향

석봉의 흔적을 찾아서

2장. 관부연락선 — 출향과 귀향

　　2018년 12월 중순, 나는 대구에서 출발하는 항공편을 이용하여 두 시간 반쯤 후에 도쿄 나리타 공항에 도착했다. 연말이라 특별 경계령이 내린 공항에서 젊은 세관원이 방문 목적을 묻자 난 부친의 전기를 쓰는 데 필요한 자료를 수집하러 왔노라고 짧게 대답했다. 일제강점기를 겪지 않은 세대에 속하긴 했어도 나는 일본을 방문할 때마다 식민지 시대의 집단감수성과 같은 묘한 느낌을 여러 순간 확인한다. '고우방(交番)'으로 부르는 파출소 옆을 지나든, 지하철 개찰구에서 역무원들—이들은 대체로 나이가 젊다—을 보든, 아니면 호텔이나 백화점 입구에 서 있는 나이 든 경비원들을 보든, 나는 식민지 시대의 망령들을 쉽게 떠올린다.
　　내가 처음으로 일본에 갔을 때는 1987년 여름이었다. 미국 유학을 마치고 곧바로 영남대학교에 부임한 나는 이듬해 일본 삿포로 북해도(北海道)대학에서 열리는 하계 미국학 세미나에 참석하는 도중에 도쿄에 들렸다. 그때가 30대 중반의 나이였으니 다소 늦게 일본에 간 셈이다. 몹시도 더웠던 도쿄 여름 날씨에 가는 곳마다 청결하고 냉방시설이 잘되었던 쾌적한 느낌의 일본이었지만 그 속에는 식민지 시대 우리 민족이 겪은 수난을 되살릴만한 분위기가 있었다. 우연히 들른 골목에서 목격한 검은 판자집과 집집마다 붙은 명패는 서먹하면서도 어릴 적 내가 보았던 광경이었고, 그것은 또한 그때까지 내 주변에 남아 있던 일제시대의 잔재였다.

    나리타 공항에서 출발하는 급행열차를 타고 도쿄 시내로 가는 도중에 차창 밖으로 본 농촌 풍경은 우리와 닮은 데가 있다. 그래도 자세히 살펴보면 잘 정비된 도로와 가옥에는 낯선 문화의 특징들이 나타난다. 군데군데 보이는 신사(神社)와 함께 공간을 최대한 활용하는 주거 환경이 눈에 들어오는데, 우리와 구별되는 건 무엇보다 일본인들이었다. 도쿄역에서 내리든, 신주쿠(新宿)역에서 내리든 내 눈에 띄는 일본인들은 대체로 행동이 민첩하고 예법에 능숙한 모습으로 다가온다. 낯선 사람에게 방어적 태도를 취하는 건 다소 투박하고 공격적인 한국인과 다른 점이며, 이것은 오랜 기간에 걸쳐 역사와 문화가 만들어 낸 국민적 특질이라고 본다. 19세기 중반 미국에서 태어나 유럽에서 활동했던 소설가 헨리 제임스(Henry James)는, "사건이 모여 역사가 되며, 역사가 쌓여 문화가 되고, 문화가 농축되어 취향이 만들어진다"고 설파한 바 있다. 그런 점에서 한 국가나 국민의 특성은 오랜 역사와 문화가 만들어낸 결정체가 아니겠는가.

    숙소에서 여장을 풀고 난 다음 일정은 지하철을 이용한 긴자(銀座) 방문으로 이어진다. 도쿄에서 내가 자주 머물렀던 숙소는 신주쿠에서 가까운 곳으로 일본청년회관에서 운영하는 '니혼세이넨칸 호텔'이다. 메이지신궁(明治神宮) 야구장 건너편에 위치한 이 호텔은 도심에 가깝고, 건물 상층부에는 놀랍게도 넓은 욕실이 갖추어져 있다. 도쿄 지하철 노선인 긴자센(銀座線)을 타고 찾아간 긴자 4초메(四丁目) 구역은 늘 사람들로 붐비고 있다. 이곳은 부친이 유학 생활을 했던

1930년대 후반에도 번잡했으리라 짐작한다. 최근 들어선 백화점의 북 카페에서 우연히 집어 든 긴자 역사책에는 1920년대에 고급 세단과 화려하고 세련된 의복을 걸친 사람들의 행렬이 줄을 잇고 있었기 때문이다. 사방으로 뻗은 긴자 대로는 일요일 오후가 되면 보행자 전용으로 개방되어 넓은 길에는 각양각색의 사람들로 북적인다. 대로 한가운데 놓인 의자에 걸터앉아 이러한 광경을 물끄러미 보노라면 시간의 벽을 넘어 80여 년 전 부친과 함께 이곳에 앉아 쏟아져 나오는 사람들의 물결을 관찰하고 있는 듯한 환상에 사로잡히게 된다.

4초메 네거리에는 오랫동안 이곳 명소로 자리 잡은 미츠코시 백화점이 영화 장면처럼 눈에 들어온다. 내가 살았던 집에는 부친이 유학 시절 미츠코시 백화점에서 구입했다는 작은 나무 책장이 세월의 경과에도 아랑곳없이 그대로 남아 있었다. 지금은 학교 자료실로 옮겨 유물로 삼고 있지만, 이 책장이야말로 부친의 젊은 시절의 상징이 아니겠는가. 이 근처에는 또한 부친이 유학 시절 즐겨 찾았다고 하는 삿포로 맥주 긴자점이 있다. 부친은 여기서 맥주를 드시다 돈이 부족할 때는 쓰고 왔던 학사모를 맡기고 고향에서 돈이 오면 술값을 갚았다고 술회한 바 있다. 이곳에 들어서면 그때 정취를 확인할 수 있을 것 같아 나도 모르게 생맥주 한 잔과 양고기 한 접시를 시켜놓고 생각에 잠겨본다.

긴자 풍경은 눈앞에 전개되는 모습보다 부친의 흔적이 어른거리는 상념으로 다가와 과거에 접근하는 통로가 된다. 다시 말해, 여기서 본 광경들은 필연적으로 과거의 어느 시점과 연결되므로, 지금 펼쳐진 모습이 어떠하든 그것은 서설로 옛 시설을 환기시킨다. 『주홍글자』(The Scarlet Letter)를 썼던 나싸니얼 호손(Nathaniel Hawthorne)은 자신이 근무했던 보스턴 세관 창고에서 우연히 발견한 청교도 시대 유물인 주홍글자가 과거로 들어가는 통로가 되어 작품을 시작했다고 말했다. 나는 이러한 방식으로 일본의 과거와 연결된 사실들을 통해 그 시기와 중첩된 부친의 삶을 재조명하려고 한다. 도쿄역 앞 지하도에 전시된 도쿄 변천사를 담은 흑백 사진이든, 먼 북해도의 작은 도시 오타루에 있는 은행 자료실에 전시된 옛 인물들의 사진이든, 그것은 나에게 이질적이고 거부감을 주는 나라의 실체가 아니라 부친이 살았던 한 시기, 혹은 내가 알지 못하는 과거를 드러내는 징표가 된다.

세상을 떠나기 전에 쓴 짧은 회고록인 『나의 자서전기(自敍傳記)』에 따르면, 부친은 1938년 3월 5일 고향을 떠나 1938년 4월 1일 니혼대학교(日本大學校) 부설 제3중학교 4학년에 편입하여 1940년 3월 16일 졸업했다고 한다. 이후, 1940년 4월 1일 니혼대학교 전문부 법률과 본과에 입학한 부친은 전시(戰時) 학제변경으로 기간을 단축하여 1942년 9월 30일 이 대학을 졸업했다. 이러한 사실을 머릿속에 떠올리며 나는 먼저 마루노우치에 있는 도쿄 역사(驛舍)를 찾아갔다. 제국시대의 위용이 아직도 서려 있는 이 건물은 그동안 몇 차례 보수를 거친 후, 신칸센을 비롯한 일본 간선 철도의 중심 역할을 하고 있다.

나는 역 안내 코너를 찾아 부친이 수학했던 1930년대 말엽, 일본으로 들어오는 관문인 일본 남쪽 시모노세키(下關)에서 도쿄까지 열차로 얼마나 걸렸는지 물어보았다. 안내석에 앉아 어렵지 않게 영어를 구사하는 나이 든 여인은 이런 질문이 신기하다는 듯 나를 쳐다보다 잠시 후, "정확한 자료는 없지만 그래도 하루는 꼬박 걸리지 않았을까요"라고 대답했다. 나는 풀기 어려운 사건을 역으로 추리하는 탐정처럼 부친이 고향에서 도쿄로 출발했을 당시 경주에서 부산까지는 기차를 탔고, 부산에서 시모노세끼는 이 구간을 정기적으로 운항하는 관부연락선(關釜連絡船)을 이용했으며, 일본 땅에 당도하여 도쿄까지는 열차를 탔으리라고 추정했다. 그런 다음 부친의 『나의 자서전기』와 내 상상력을 바탕으로 시간을 거슬러 부친의 유학 시절을 재구성한다.

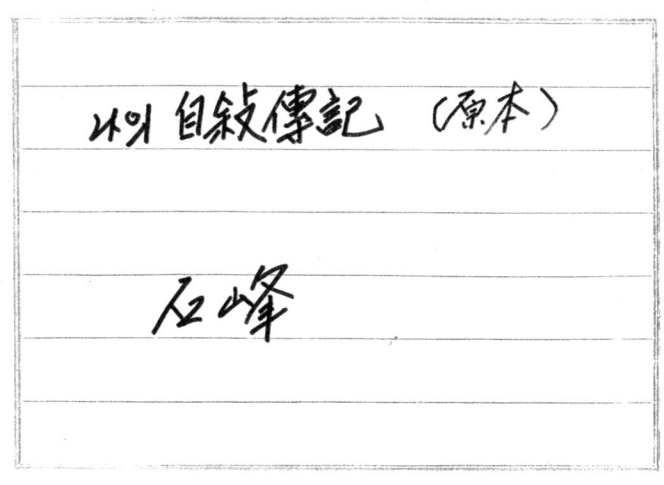

[「나의 자서전기」 표지]

※   ※

부친이 일본으로 떠나던 1938년 3월 5일, 부산에서 시모노세끼로 떠나던 관부연락선 2등칸은 사람들로 붐볐을 터였다. 출렁이는 바다 물길을 헤쳐나가는 뱃머리를 굽어보는 부친의 가슴은 희망과 불안으로 교차했으리라. 이제 스무 살 생일을 넘긴 지 6개월이 채 안 되는 앳된 청년에게는 태어나면서부터 자신의 나라가 존재하지 않았다. 일본에 나라를 빼앗긴 현실을 역사적 현실로 간주하기에 당시 조선인들이 감당해야 될 책무는 너무나 무거웠다. 따라서 자신이 태어나기

7년 전인 1910년, 강제합병으로 대한제국의 주권이 사라진 상황에서 공부를 위해 식민제국의 수도로 떠난다는 건 지금의 유학과 너무나 다를 수밖에 없었다. 더욱이 지금까지 자신의 삶에 큰 영향을 끼치고 있었던 만송 선생에게 상의나 허락도 없이 홀로 감행한 유학길이었기에 이 출항은 가출이나 다름없었다. 부친이 어떻게 도쿄를 염두에 두고 행동했는지 생전에 언급한 적이 없었다. 당시 상황을 짐작해본다면 경상도 지역에서 다소 여유 있는 집안의 자손들은 서울에 비해 지리적으로 큰 차이가 없을뿐더러, 새로운 지식과 문화를 흡수하기에 도쿄가 가진 매력이 컸기 때문이라고 볼 수 있다.

하지만 많은 위험과 불확실성이 따르는 유학을 과감히 실행에 옮겨 관부연락선에 승선한 부친은 사실상 큰 결단을 했다고 본다. 당시 관부연락선에는 식민지배를 받던 조선인들이 일거리를 찾아 생존 돌파구를 탐색하려고 출항하는 사람들이 많았다. 일제강점기 관부연락선을 소재로 소설을 쓴 작가 이병주(李炳注)는 관부연락선의 출발과 도착지였던 부산과 시모노세키의 차이를 이렇게 묘사했다.

> 시모노세키는 푸른 산을 등에 지고 뚜렷한 윤곽으로 꿈을 안은 항구와 같고 부산은 벌거벗은 산을 배경에 두고 이지러진 윤곽으로 그저 펼쳐져 있기만 한 멋없는 항구이다. (『관부연락선』 2권, 9쪽)

그런데 이름이 암시하듯 관부연락선은 조선인들에게 부자연한 상황을 상기시켰다. 그 이유는 조선인들이 배를 탈 때면 명칭도 생소한 '도항증명(渡航證明)'이라는 번거로운 절차를 밟아야 했기 때문이다. 이 무렵 일본으로 건너가는 사람들은 소수의 유학생을 제외하고 대부분이 노동자들로서, 이들은 낯선 일본 땅에서 위험하고 힘든 일을 도맡았다. 식민지 종주국과 피식민지의 차이가 그대로 드러난 관부연락선의 현장에 대하여 작가는 더욱 상세히 서술하고 있다.

> 배가 떠날 때나 도착할 때 부두엔 언제나 식전(式典)의 기분이 감돈다고 했다. 그러나 시모노세키의 경우와 부산의 경우는 다르다. 시모노세키의 부두엔 오가는 사람의 기분과 감정이 자연스럽게 교류하는 분위기가 있다. 그런데 부산의 부두는 항상 체증을 일으키고 있는 것 같은 느낌이 남는다. 그렇게 되는 이유의 하나는 부두의 한 구석에 도항증 검사소가 있어서 그곳을 일반 반도인의 승객들은 학생과 특수인을 제외하곤 꼭 거쳐야 하는 데 있다.
> 비좁은 장소에 앞을 다투는 사람들이 한꺼번에 수백 명씩 들이닥친다. 몇 개 안 되는 창구에다 고함고함 도항증을 들이밀고 검인과 더불어 승선권을 받아야 한다. 이 승선권이 없으면 기차표와 선표가 있어도 배를 타지 못한다. 간혹 위조 서류를 디밀었다가 발각이 되어서 묶여 들어가는 사람도 있다고 했다. 내선일체(內鮮一體)가 절대로 통하지 않는 데가 이곳이다. (『관부연락선』 2권, 9-10쪽)

일제강점기 부산과 시모노세키를 운항했던 이 선박의 역사는 1905년으로 거슬러 올라간다. '관부연락선'이란 명칭으로 처음 취항하게 된 시기는 1905년 9월 25일이었다. 최초의 연락선은 1천 6백톤짜리 '이키마루(壹岐丸)'라는 이름의 배였고, 뒤이어 11월 '쓰시마마루(對馬丸)'가 취항하여 하루 1편씩 부산과 시모노세키에서 출항하였다. 이후 여러 변화를 거쳐 일제 말엽인 1940년경에는 7천 5백톤 급의 '공고마루(金剛丸)' 및 '고안마루(興安丸)'가 등장하여 11시간이나 걸렸던 뱃길이 7시간으로 단축되었다. 이처럼 관부연락선을 통하여 일본으로 가는 정기 노선이 개설되었지만 1930년대만 하더라도 부산에서 시모노세키까지는 거의 9시간이나 걸리는 뱃길이었다.

[관부연락선]

고향을 떠난 부친은 부산에서 배를 타고 일본의 관문인 시모노세키 항구에 도착했다. 배에서 내려 수속을 밟고 처음으로 일본 땅에 발을 디딘 감회는 깊었을 것이다. 척박한 고향 땅을 떠나 처음으로 타국에 당도한 자신의 눈 앞에 펼쳐진 낯선 풍경과, 항해 중에 목격한 여러가지 일들은 청년 나이였던 그의 뇌리에 생생한 인상을 심어주기에 충분했다. 자라나면서 고향을 벗어나 본 적이 별로 없었던 부친이 이처럼 먼 길을, 그것도 국내가 아니라 배를 타고 해외로 나왔다는 건 삶에서 일대전환이 아닐 수 없었다.

부친은 시모노세키에서 잠시 머문 후 기차로 하루가 꼬박 걸리는 여정 끝에 마침내 도쿄에 도착했다. 곳곳에 일장기가 펄럭이며 수많은 차량과 인파가 거대한 파도처럼 출렁이는 제국의 수도에 도착한 부친은 시대 흐름과 개인적 정황으로 보건대 비장한 감정을 품지 않았을까. 빈궁하기 그지없었던 고향 땅과 비교할 때 눈에 띄는 모든 풍경이 너무나 압도적인 도쿄의 위용은 충격적이라고 할 수 있을 터였다. 이 당시 도쿄는 일본의 수도를 넘어, 팽창하는 제국의 정치·군사·문화의 중심지로 모든 교역과 문물이 집중되던 곳이었다. 그러므로 시골에서 태어나 부모의 그늘에서 소학교 교육만 마친 부친이 도쿄에서 목격한 광경은 쉽게 그를 압도하였다고 말할 수 있다.

내가 찾아간 도쿄역 건물에서 과거의 흔적을 세세히 발견하기 어려웠어도 이곳은 현재 일왕이 거주하는 황거(皇居)에서 가까운 위치에 있을 만큼 역사적 상징성이 컸다. 일제강점기 도쿄에 머물렀던 조선인들에게 도쿄역은 추억과 회한이 서린 곳이었다. 부친은 도쿄에서 유학하던 중, 귀국 전까지 적어도 서너 차례 여기서 출발하는 기차를 타고 시모노세키를 거쳐 관부연락선으로 고향에 다녀왔을 것으로 짐작한다. 그래서 그런지 도쿄역이야말로 오늘날 국제공항보다 더욱 강한 이미지로 각인되었을 것이다. 제국의 흥망성쇠를 모두 목격했던 것처럼 보이는 역 건물을 지나, 그 앞으로 연결된 지하도에 펼쳐진 도쿄역 변천사를 담은 흑백 사진들을 둘러보다 나는 부친의 흔적이라도 발견한 듯이 들뜬 기분이 되었다.

도쿄에 도착한 부친은 여러 경로를 거쳐 고향을 떠난 지 한 달 만인 1938년 4월 1일, 대학 진학을 염두에 두고 니혼대학교 부속 제3중학교 4학년에 편입하였다. 부친이 이 학교를 어떻게 알고 갔는지 들은 바 없지만, 여기서 2년을 보낸 다음 1940년 3월 16일 졸업을 했다. 부친은 경주에서 6년제 소학교 교육을 받은 터라 일본어는 물론, 일본인들의 관습과 문화에 어느 정도 숙달했으리라고 본다. 『나의 자서선기』에 따르면, 부진은 이 무렵 도쿄 혼고쿠(本鄕區) 하루기초(春木町) 이치초메(一丁目) 37번지에 거처를 정했으며, 집주인이었던 노가네 노스케(水野金之輔)는 무척 친절한 사람이었다고 회고했다. 이후 1940년 4월 1일, 부친은 간다쿠(神田區) 미사키초(三崎町)에 위치한 니혼대학교 전문부 법률과 본과에 입학하였다. 부친이 새로 거처를 정한 곳에서 학교로 갈 때는 전차 노선을 이용했는데, 전차 안에서 만난 사람들과 서로 인사를 나누며 좋은 인상을 받았다고 한다. 부친이 수학했던 니혼대학교 법과대학이 있던 장소는 대학 본부와 다소 거리가 있었다. 근처에 메이지대학교(明治大學校)를 비롯한 몇몇 대학들이 있었고, 유명한 고서점들이 밀집하여 학구적 분위기였다.

[현재 도쿄역]

도쿄에 올 때마다 나는 우리와 닮은 듯해도 많은 점에서 서로 다른 이곳에서 생활하며 부친은 어떤 생각을 품었을까 추측해본다. 부지런한 성격을 타고난 데다 낯선 문물에 호기심이 많았던 부친은 도쿄 유학 중에 고향 땅에서 겪지 못했던 지적 분위기와 이질적 문화의 정취를 느꼈으리라. 일찌감치 서양문물을 도입하여 많은 분야에서 혁

신을 이룬 일본은 어떤 나라보다 앞선 문화를 내세워 식민지 조선인들이 부러워했을지 모른다. 부친이 도쿄에서 만난 일본인들의 태도와 생활습성은 고향에서 보았던 모습과 차원이 달랐을 것이다.

나는 이따금 부친이 지켜온 굳건한 생활철학이나 습성이 어느 만큼 일본 생활에서 온 게 아닐까 생각한다. 일에 대한 열정과 집념은 주변 사람들이 모두 공감하는 바이지만, 그중에서도 육체노동까지 마다하지 않는 근면함, 항상 유지되는 예법, 계획적인 생활과 꼼꼼한 기록 습관 등은 청년 시절 유심히 관찰했던 일본 생활의 결과라고 본다. 일본이 남긴 많은 부정적 유산과 함께 내가 일본을 방문하는 횟수가 늘어감에 따라 발견되는 '일본적 특질'은 단지 일본의 영향 때문이 아닌 부친 고유의 습성이지만, 적어도 그곳에서 받은 영향이 섞여 있을 것이다.

도쿄로 온 이후 학업과 생활은 부친에게 생각보다 힘들었을 것이다. 떠나온 고향과 가족에 대한 향수와 외로움으로 순탄한 생활은 기대하기 어려웠지만, 부친은 이 시기에 많은 경험을 통하여 말 그대로 제2의 인생을 맞이하게 되었다고 회고했다. 식민지배를 받는 조선인으로서 이런저런 설움을 당하는 건 청운의 꿈을 안고 온 유학생들이 모두 겪던 일이었다. 일본에서 언어 장벽과 더불어 일본인 학생들과 지적 수준 차이가 있었지만, 부친은 오직 학업에만 몰두했다. 경제적으로 힘들었던 상황에서 어려움 없이 학업에 전념할 수 있었던 데는 만송 선생의 지원이 결정적이었다. 애초에 만송 선생이 먼 지역에서 학업에 반대했던 이유는 1930년대 크게 번진 사회주의 물결에 부친이 물들지 않을까 하는 우려 때문이었다. 보수적인 유학자였던 만송 선생은 과격한 사회주의 여파로 기존 질서가 무너져, 유교 전통의 사회 구조가 위협받을 수 있다는 점을 경계했다.

이리하여 어른의 허락 없이 유학을 감행한 부친은 도쿄에 당도하자 곧바로 서신으로 떠나온 경위와 현지 사정을 적어 보냈더니 만송 선생은 학업에 필요한 비용을 보내주었다고 한다. 나는 오래전부터 부친이 부모의 고마움을 강조할 때마다 이 대목을 빼놓지 않고 거론했던 사실을 기억하고 있다. 부친은 부모로부터 어려울 때 받았던 도움이 얼마나 큰 혜택이 되었는지 강조하며 세상 부모가 똑같지 않다는 점을 언급했다. 만송 선생은 시간이 흐른 다음, 부친이 대학에 입학했을 무렵 '아들 榮造에게 붙임'이라는 글을 보냈다.

> 네가 대학교에 입학한 후 객지 생활은 어떠한지 염려되는구나. 너의 애비는 잘 지내고 있으며 집안은 모두 편안하다. 네가 집을 떠날 때 내가 거듭 주의로 부탁한 말을 잊지 말아라. 공원이나 명승지, 주점과 극장 등에서 놀지 말고, 학교에 가서 교수의 지도를 받고 학우와 학문을 토론하며 작은 일에도 소홀함이 없이 말과 행동을 독실히 하여라. (『만송유고』. 82쪽)

부친의 유학은 지금과 성격이 판이한, 일제강점기 이른바 '이등국민'으로서 종주국인 일본의 앞선 문화와 학문을 배우는 것이었다. 당시 조선은 모든 면에서 열세였던 상황이고, 학교에서 배우는 전문지식은 차원이 낮았다. 일찍이 메이지 유신(明治維新)으로 근대화 기틀을 잡은 일본은 서양 열강을 넘어서기 위해 거국적으로 힘을 쏟은 결과, 20세기 들어 거의 모든 영역에서 선진화가 이루어졌다. 일본의 한반도 지배는 이러한 발판 위에 전개되었던 반면, 19세기 말 조선은 모든 상황이 나라를 허약하게 만들고 말았다.

나는 도쿄 유학 시절에 대하여 상세히 들은 바 없지만, 부친은 학업 중에 뛰어난 재능과 성실함으로 일본인 학생들을 능가하여 때로는 그들이 대리 시험을 부탁할 정도였다고 한다. 강의가 없는 시간에 부친은 이런저런 일을 하여 용돈을 마련했다. 부친의 『나의 자서전기』에는 이 시절 특별히 기억에 남는 일화들이 나타나 있다.

첫째, 일본인의 친절과 예의 바른 성격

둘째, 도쿄 중심가 긴자의 밤거리. 특히 4킬로미터에 걸쳐 펼쳐져 있는 거리 양측 상가 건물에서 나오는 오색 네온사인 등불이 무지개처럼 찬란하게 밤하늘을 수놓아 환상적인 광경을 연출하였으며, 거리에 넘쳐흐르는 인간의 물결과 네온사인 불빛은 예술작품 수준이었다.

셋째, 당시 일본 황태자였던 아키히토(明仁) 일왕과의 면담. 부친은 유학 시절 알게 된 일본인의 안내로 어느 날 왕실의 거처인 황거(皇居) 안에 있는 동궁(東宮)에서 황태자 부처(夫妻)를 직접 만났다. 그때 황태자와 황태자비는 일행을 반갑게 맞이하며, 일본과 조선은 가까운 이웃으로 예전부터 친하게 지내왔다고 말하며 힘든 유학 생활에 위로의 말을 남겼다.

넷째, 긴자 거리에서 일본인 여가수와의 만남. 부친은 어느 날 긴자 밤거리를 걷던 중, 4초메 부근에서 유명 가수인 유키코 사쿠라(雪美櫻)를 만나 상대방의 요청으로 길거리에서 합창했던 적이 있었다.

여기서 부친이 수학했던 니혼대학교(Nihon University)에 대하여 알아보자. 오늘날 일본 최대의 사립대학으로 자리 잡은 니혼대학교의 역사는 1889년으로 거슬러 올라간다. 이 대학은 메이지(明治) 22년 사법대신(司法大臣)이었던 야마다 아키요시(山田顕義)에 의하여 설립된 니혼법률학교(Nihon Law School)를 모태로 삼았다. 오늘날 16개 학부와 87개 학과, 20개 대학원 외에 32개 연구소와 3개의 부속병원을 거느린 기관으로 성장하여 전체 학생이 7만여 명에 이른다. 식민지 시대 니혼대학교 졸업생 가운데는 특히 법조계로 진출한 인물들이 많았다. 초대 대법원장 김병로(金炳魯), 초대 법무장관 이인(李仁), 법무 및 문교부 장관을 역임한 권오병(權五炳) 등이 대표적 인물이며, 또한 건국대 총장 곽종원(郭鍾元), 연극인 이해랑(李海浪)도 있었다. 한편으로는 해방 후 귀국하여 사립학교를 세워 학교 경영의 길로 나선 교육자들도 많았다.

[부친 유학 당시 니혼대학교]

겨울 날씨가 매서웠던 늦은 오후, 나는 도쿄 치요다쿠(千代田區)에 있는 니혼대학교를 찾았다. 이름 속에 마치 악령이라도 깃들고 있는 듯 한국인들에게 늘 부정적 인상을 심어주는 야스쿠니 신사(靖國神社). 신사 근처 구단시타(九段下) 전철역에 급히 내려 해자(垓字)처럼 보이는 푸르스름한 물길을 따라 얼마간 걷다 눈에 들어온 니혼대학교 본부 건물은 고요한 상아탑 분위기와 어울리지 않는 고층 빌딩이었다. 이곳에서 영어가 가능한 직원을 찾아 부친이 수학했던 법과대학을 포함한 자료들을 입수하여 과거 흔적을 확인하려고 했지만 말 그대로 시도에 불과했다. 건물 입구에 비치된 대학 안내 책자 몇 권을 손에 쥐고 밖으로 나와 주위를 배회하다 눈에 띄는 카페에서 커피 한 잔을 주문해 놓고 부친의 학창 시절을 그려보았다. 그 당시, 청년기의 부친은 이곳에서 무슨 생각을 했을까. 피지배자인 조선인으로서 식민종주국의 수도에 머물며 매 순간 눈앞에 대비되는 모국과 일본의 차이에 고민하며 조국이 어느 날 독립될 수 있을까 하는 상념에라도 빠졌을까. 이곳에 유학 온 젊은 시절의 부친이 내가 유학 시절 겪었던 혼란을 나보다 훨씬 먼저 겪었다는 생각에 나는 잠시 동질감을 확인했다.

대학 시절 부친의 모습을 담은 흑백사진 가운데 내 눈길을 끄는 건 군사교육 사진이었다. 이 무렵 일본은 대동아전쟁(大東亞戰爭)으로 중국과 동남아는 물론, 1941년 12월 진주만 공습으로 태평양전쟁까지 일으켜 날로 전투가 확대되고 있었다. 침략 전쟁으로 모든 학교에서 군사교육과 징집이 의무적으로 시행되던 터라 당시 부친의 심경이 어떠했는지 어렵지 않게 짐작할 수 있다. 더욱이 노교에 있던 유학생들이 학병이라는 이름으로 징집되어 전선으로 보내지던 상황이므로 그들의 마음은 극히 혼란스러웠을 것이다. 전쟁이 치열해짐에 따라 생필품 수급도 어려웠을 테고, 일상생활마저 영위하기 어려웠다. 부친이 남긴 누르스름한 사진에는 이 당시 분위기가 베여 역사의 질곡 속에 지낸 개인의 곤경을 여실히 보여주고 있다.

[부친 대학 시절과 군사교육]

이러한 상황에서 부친은 1942년 9월 30일, 전시임시학제변경(戰時臨時學制變更)으로 6개월을 단축하여 니혼대학교 전문부 법률과를 졸업했다. 당시로선 조선의 젊은이들에게 유학은 엄두도 내지 못할 만큼 어려운 상황이었지만, 만송 선생의 여덟 자녀 가운데 대학을 제대로 마친 사람은 부친뿐이었다. 부친은 온갖 어려움 속에서 학업에 뛰어나 대학 시절 내내 주위로부터 촉망을 받았다. 지금 내 책상에는 부친의 대학 앨범과 교모(校帽) 및 학교 기념물들이 마치 한 시대를 증언하는 듯한 분위기를 자아내며 놓여 있다.

1942년 9월 27일, '慶北 慶州郡 川北面 東山里 酒造場 本家入納'이라고 적힌 봉투로 만송 선생에게 보낸 서신에는 학업을 마친 부친의 감회가 잘 드러나 있다. 원문을 살려 내용을 그대로 옮겨본다.

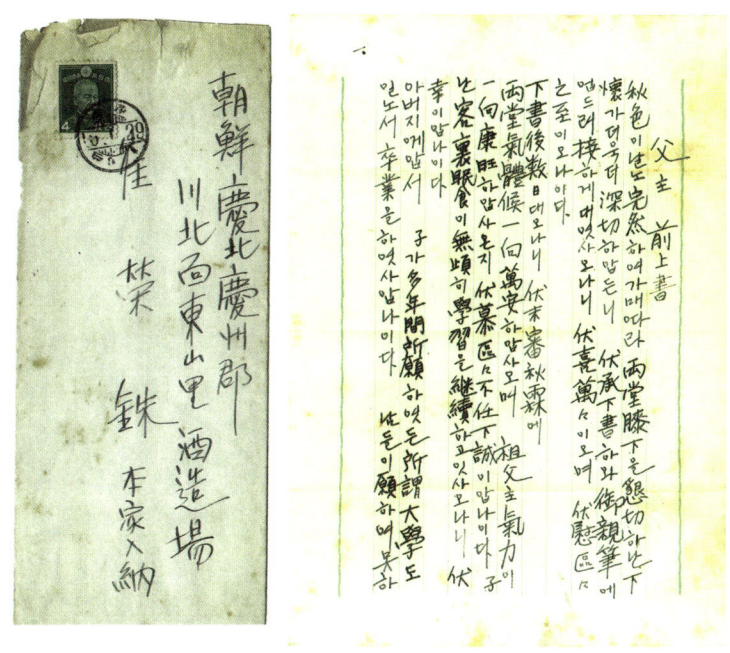

[부친 서신]

父主 前上書

　秋色이 날로 完然하여 감에 따라 兩堂膝下를 懇切하는 下懷가 더욱더 深切하옵더니 伏承下書하여 御親筆에 업드려 接하게 되었사오니 伏喜萬萬이오며 伏慰區區亡至이오나이다.

　下書後 數日되오니 伏末審秋霖에 兩堂氣體候一向萬安하옵사오며 祖父主 氣力이 一向康旺하옵사온지 伏慕區區不任下誠이옵나이다. 子는 客裏眠食이 無頉히 學習을 繼續하고 있사오니 伏幸이옵나이다.

　아버지께옵서 子가 多年間 所願하였던 所謂 大學도 이로써 卒業을 하였사옵나이다. 남들이 願하여 못하는 學問을 子는 父母主의

2장. 관부연락선—출향과 귀향　61

御鴻恩으로 大學專門部까지 이만큼 卒業하게 되어 此伏幸하옴을 무어라 업드려 上達치 못하겠사옵나이다. 子는 이날의 이 많은 伏幸을 반김과 共히 子의 初志인 高等文官試驗에 하루바삐 合格되어 父母主의 御期待를 조금이나마 足하옵시게 되겠음을 깊이 새삼스레 決心하였사옵나이다.

免學은 実로 今後에 있사옵나이다. 今日까지의 子의 工夫는 一方으로 보아 될 수 있는 限 短期間에 所謂 國家試驗의 受驗資格을 獲得하고저 하여 學校의 成績도 不顧코 二重히 學校生活을 하였사옵나이다만 其의 資格도 이로써 完全히 達하게 되었사오니 次後는 一路初志貫徹에 邁進하겠사옵나이다.

父母主께옵서 子의 初志達成의 其日이 하루바삐 있도록 살펴주시옵소서. 學窓生活에 最後의 學校를 卒業하게 되어 子의 初志가 一步一步 가까워진 이날의 반가움과 기쁨을 瞬間도 잊을새 없는 父母主께 업드려 아뢰옵나이다. 余留不備上達하옵나이다.

九月 二十七日
一九四二年

子 榮造 上書

부친의 책장에 오랫동안 꽂혀 있었던 유학 시절 책들 가운데는 민법, 물권법, 형사소송법, 국제법 등과 같은 생소한 법률서들이 많았다. 이러한 서적을 통하여 나는 부친이 유학 당시 어떤 분야를 공부했는지 확인할 수 있다. 책장에는 법률서 외에도 사회학, 심리학, 종교철학과 같은 책들이 있었다. 이 밖에 일본어로 출판된 괴테나 톨스토이 작품들과 이와나미(岩波) 시리즈로 나온 문학책들이 있는 것으로 보아 부친은 인문학에도 관심을 기울인 것 같았다. 문학을 전공한 나는 부친의 문장 감각과 표현력에 인상을 받은 적이 많았는데, 이것은 모두 청년기에 쌓은 인문학적 교양과 지식의 결과로 본다. 부친이 사립학교를 설립하여 운영할 때 학교 교가는 물론, 여러 행사의 연설문과 기행문 및 감상문을 썼던 건 바로 이러한 배경 때문이다.

[부친 서가]

1942년 9월 니혼대학교를 졸업한 부친은 도쿄에 머물며 대학 도서관에서 고등문관시험(高等文官試驗)을 준비했다. 이 당시 일본에 온 유학생들 상당수가 문과 아니면 법과를 선택했다고 한다. 부친이 법률을 전공한 이유는 일제강점기 관직 등용이 제한된 조선인들에게 오늘날 고등고시에 해당하는 고등문관시험에 합격하는 것이 출세의 지름길이라고 간주했기 때문이다. 고등문관시험은 조선인 합격자 비율이 일본인에 비해 현저히 낮았음에도 불구하고 식민지 젊은이들에게 그나마 허용된 관직 등용의 기회였지만, 이 시험을 통과하기란 극히 어려웠다. 더욱이 당시는 대동아전쟁과 태평양전쟁이 동시에 휘몰아쳐 일본에서 국가총동원령(國家總動員令)이 내려져 있는 상태라 직장이 없는 사람은 이유를 막론하고 강제징용을 당하게 될 터였다. 날로 엄혹해지고 있는 전시 상황과 더불어, 일본에 거주하는 조선인으로 신변 안전에 큰 위험을 느낀 부친은 도쿄에 더 머무를 수 없어 1943년 2월 20일 관부연락선 편으로 고국에 돌아왔다.

고향 땅에 도착한 부친은 여러 경로를 거쳐 당시 충청남도 부지사(참사관 직급임)로 있던 임문석(林文碩)을 찾아갔다. 전쟁 막바지에 급박하게 돌아가는 상황에서 부친은 무엇보다 신분을 보장할 필요가 있어 수소문 끝에 충남 도청에 있던 그를 만나러 갔던 것이다. 부친이 어떤 인맥이나 인연으로 찾아갔는지 정확히 알려진 바가 없지만, 부친의 셋째 형 최영태(崔榮泰)의 처가가 경주 인근 영천(永川)이므로 영천 출신의 임문석과 연결되지 않았을까 짐작한다. 일제강점기 충남 부지사라는 고위 관직을 지낸 임문석은 경성제국대학교 법학과를 졸업한 다음, 1933년 고등문관시험 행정과와 사법과에 동시에 합격한 인물이다. 이후 전국 여러 지역 관직을 거쳤으며, 부친이 일본에서 돌아올 무렵인 1943년 충남 부지사로 재직하고 있었다. 그는 해방 후 법조인 겸 정치인으로 활동하여 경북 영천을 지역구로 삼아 대한민국 제4대, 5대 국회의원을 역임하기도 했다.

임문석을 찾아가 취직을 부탁했던 부친은 자신의 표현처럼 다행히 충청남도 광공부(鑛工部) 광공과(鑛工課)에 근무하게 되었다. 부친은 충남 도청에서 약 2년간 근무한 다음, 8.15 해방 직전인 1945년 3월 16일 판임문관(判任文官) 직급인 충청남도 군속(郡屬)에 임명되어 공주군(公州郡)에 근무 명령을 받고 봉임했다. 부친은 나중에 이 시기를 회고하며, 정말 운이 좋았다고 술회하였다. 삶에서 결정적이고 중요한 상황에서 뚜렷한 전기를 마련했던 이때를 두고 스스로 행운아로 간주한 이유는 보통 3, 4년이 지나도 판임문관이 되기 힘든 현실에서 2년이란 최단기간에 임관되었기 때문이다. 더욱이 그 당시 충남 도내에서 가장 선호되는 지역인 공주군에 발령 받아 주위 사람들이 꿈도 꾸지 못할 쾌거를 이룬 것이다. 이 직책으로 말미암아 부친은 전란 중에 생명을 보존할 수 있었고, 보수적 집안에서 태어나 관직에 진출하는 것이 출세의 징표가 되는 분위기에서 부모의 은혜에 직접 보답했다. 부친은 또한 만송 선생과 상의도 없이 일본으로 건너갔다는 부담감을 떨칠 수 있어 큰 안도감을 느꼈을 터였다.

이처럼 도쿄에서 돌아와 급박한 시대 상황에서 일자리를 찾던 당시 기회를 준 임문석에 대하여 부친은 은혜를 잊은 적이 없다고 술회했다. 임문석은 전시 하에 어려운 사정을 고려하여 부친을 자신의 직속 비서로 근무하게 했다. 나아가 2년도 채 못 되어 특별 임관으로 공주군에 잠시 근무하게 한 다음 충남 도속(道屬)으로 승진시켜 후생부 후생과장이 되도록 했다. 위급하고 절박한 시기에 받은 이런 도움에 대한 보답으로, 부친은 나중에 그가 고향 영천에서 국회의원에 출마하였을 때 선거운동을 도우며 약간의 비용을 댔지만, 마음속으로 부담감이 남았다고 했다.

한편 충청남도 군속 임명장을 받고 고향으로 잠시 돌아온 부친이 이 소식을 부모에게 전하니 만송 선생은 임명장을 직접 보시고, "우리 가문에 큰 영광이며 경사로구나"라고 하시며 크게 반가워했다.

뒤이어 온 집안에 잔치 마당이 벌어졌는데, 부친은 이 광경을 두고 "마치 천사가 내려와 축복해주며 더욱 분발하도록 격려하는 것 같았다"라고 회고했다. 그리고 이때 감회는 오래도록 추억에 남아 자신에게 활력이자 삶의 지표가 되었다고 한다. 실상 가출하다시피 홀로 도쿄로 갔을 때는 저절로 '불효를 했구나'라고 뉘우치며 지냈으나, 이제 입신양명하여 귀가하니 조금이라도 효자 노릇을 할 수 있어 자신도 모르게 눈물이 나왔다고 회고했다.

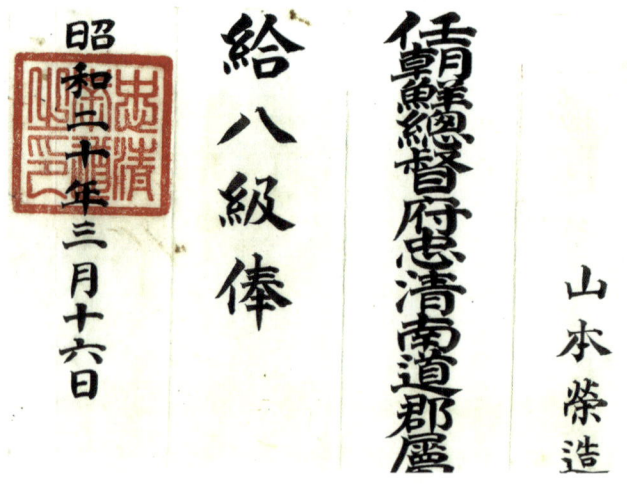

[충청남도 군속 임명장]

그러나 아무리 좋은 관직이라고 하더라도 이때는 일본의 패망이 눈앞에 다가와 한반도 전역에서 일제의 수탈이 극에 치닫던 무렵이었다. 나는 부친의 사진 아래 우리 집안의 성(姓)인 최(崔) 씨 대신 '야마모토(山本)'를 사용하여 부친의 성함이 '야마모토 영조(山本榮造)'로 표기된 것을 보았다. 부친이 유학에서 돌아온 시기는 일본의 야망이 아시아와 태평양으로 뻗어나가는 때였고, 한반도 전역에서 전쟁에 필요한 인적·물적 자원이 총동원되기 시작했다. 이른바 황국신민(皇國臣民)으로 일본 천황에 대한 충성과 신사참배(神社參拜)가 오래전부터 시행되었고, 일제 침략이 확대됨에 따라 조선인들에게는 모국어 대신 일본어가 강요되면서 창씨개명(創氏改名) 같은 극단적 조치들이 취해졌다. 일제 말엽 한반도에 대한 일본의 전략은 조선인의 정체성을 소멸시키는 데 있었고, 창씨개명은 조선어 말살과 함께 일제 탄압을 극명하게 보여주는 사례가 되었다.

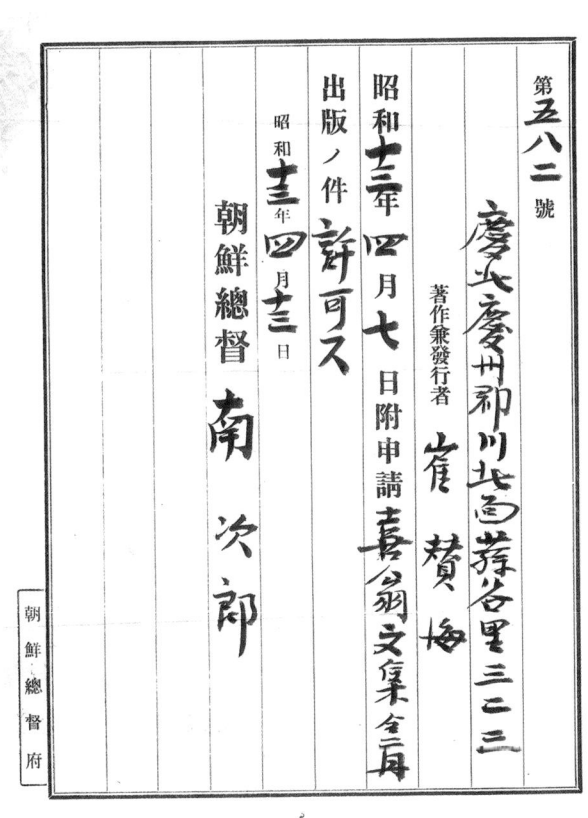

[총독부 만송 선생 출판허가서]

이 무렵, 부친은 공주군에서 오늘날 사회복지에 해당하는 후생 업무를 전담했다. 직무 가운데는 강제징용을 간 우리 동포의 가족 생계를 돌보는 업무가 포함되었다. 부친은 강제징용으로 차출된 노동자들이 일본 큐슈와 만주는 물론, 아오지 탄광 등에서 노동을 하고 그 보수를 송금해 오면 그 돈을 가족에게 직접 전달하는 업무를 맡았다. 그러던 중 해방이 되어 징용 간 동포들이 귀향하여 공주군청에 근무하던 부친을 찾아와 자신들이 애써 모은 돈을 고스란히 전달해준 데 잠으로 고맙다는 인사말을 할 때면, 비록 숱한 고생을 했을망정 그들의 순수함을 절실히 느꼈다고 술회했다.

해방 전 부친의 삶을 되돌아볼 때 자신에게 깊은 영향을 끼친 시대적 배경을 다시 생각하지 않을 수 없다. 태어나면서부터 거의 30년간 자신의 나라가 일본 지배 아래 있었다는 사실은 개인의 삶에 지대한 영향을 끼칠 수밖에 없었다. 내선일체를 앞세워 주도면밀하게 식민교육을 강화하는 상황에서 민족 고유의 언어와 풍습은 물론, 자신들의 이름마저 강제로 바꾼다는 것은 어처구니없는 현실인 동시에 지금 세대는 참으로 이해하기 어려운 일이다. 일제시대 우리 역사를 체험하지 못한 해방 이후 세대들이 이러한 사실을 알게 되면 누구나 분노를 품는 건 어쩔 수 없다.

나는 어린 시절, 부친이 일본에 대하여 말할 때 의도적으로 분노를 드러내거나 적개심을 표출하는 모습을 별로 본 적이 없다. 언젠가 일왕인 히로히토(裕仁)가 사망했을 때 함께 텔레비전 뉴스를 보던 부친이 과거를 회상하며 착잡한 표정을 짓던 것을 아직 기억한다. 일제강점기를 헤쳐나온 부친에게는 내가 이해하지 못하는 복합적인 감정이 있었으리라. 그것은 겉으로 드러낼 수 있는 부분과, 드러낼 수 없는 부분이 혼재하여, 그 시절은 추억이 되면서도 추억으로 삼기 어려운 역설적인 과거가 되지 않을까 생각할 따름이다.

일제강점기를 겪은 한국인들은 자신들의 과거가 바로 일제강점기와 중첩되므로 이 시기에 대한 인식은 마치 잃어버린 과거를 복원하는 것만큼이나 힘든 노릇이다. 과거란 결코 떨칠 수 없는 웅크린 유령의 형상처럼 내면에 도사릴 수밖에 없으므로 식민시대를 겪은 개인들의 체험은 나름으로 해석해야 한다. 자신들의 삶을 능동적으로 영위할 가능성이 현저히 줄어든 그 시대 사람들을 생각할 때 나는 일본의 식민통치를 쉽게 부정적으로 받아들인다. 이화여자대학교 영문과에 재직했던 나영균(羅英均) 교수는 일제강점기 한국인들이 처했던 상황을 묘사한 자신의 책 『일제시대, 우리 가족은』에서 '일본과 일본인'에 대하여 갖는 복합적 감정을 이렇게 서술하고 있다.

> 한국과 일본은 단순히 정복자와 피정복자나 식민지와 피식민지 관계 이상의 인연으로 묶여 있다. 절대로 상대의 존재를 서로 무시하고는 살 수 없기 때문이다.
> 일본을 말할 때 혹은 생각할 때 우리는 냉정해지지 못한다. 오랫동안 쌓이고 싸인 감정이 모든 사고를 앞지르기 때문이다. 그러나 지금 우리는 감정에 일그러진 거울이 아니라 제대로 된 거울에 비치는 무리의 모습을 찾아야 한다. 그것이 아픈 상처를 건드리는 일일지라도 정직한 우리 모습을 찾아야 한다. 가감 없는 자화상은 미래의 설계를 위한 출발점이기 때문이다. (『일제시대, 우리 가족은』. 14-15쪽)

부친은 공주군청에서 약 8개월간 근무한 후, 1945년 12월 15일 충청남도 도속에 임명되어 후생부 후생과장으로 다시 도청에 근무하게 되었다. 공주 생활을 마무리할 즈음, 부친이 남긴 사진의 뒷면에는 1945년 12월 27일 날짜로 다음과 같은 단상이 적혀 있다.

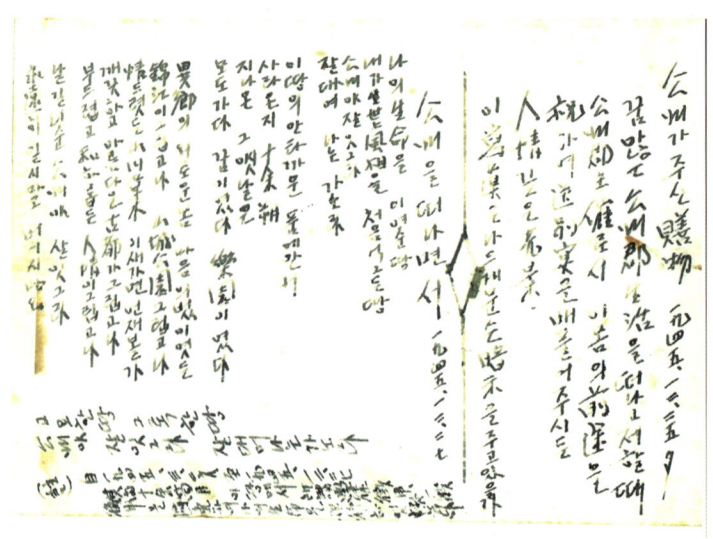

[공주군 송별연과 부친의 단상]

公州를 떠나면서

나의 생명을 이어준 땅
내가 세상 풍상을 처음 겪은 땅
공주야 잘 있거라
잘 되어 나는 가노라

이 땅의 안타까운 품에 안겨
살아온 지 십여 년
지나온 그 옛날은
모두가 다 꿈이었다, 낙원이었다

이향(異鄕)의 외로운 몸, 마음의 벗이었던
금강(錦江)이 그립구나, 산성공원(山城公園) 그립구나
정들었던 산천초목. 이제 가면 언제 볼까
깨끗하고 아름다운 고도(古都)가 그립구나
부드럽고 화(和)해로운 인정이 그립구나

날 길러준 공주야 잘 있거라
영원히 잊지 마오
버리지 마오

 위 사진의 뒷면에는 부친이 꿈많은 공주 생활을 마무리하며, "공주군(郡)이 주최하여 이 몸의 전도(前途)를 축하하며 송별연을 베풀어주던 인정 깊은 광경"이라고 적혀 있다. 그리고는 "이 사진이 무슨 암시가 되고 있을까"라고 되묻고 있다. 세월의 풍상을 견딘 이 흑백 사진을 볼 때마다 나는 희미한 전등 아래 작은 다다미방에 모여 술상

앞에 잔을 기울이는 사람들의 표정과 옷차림에서 해방 직후의 혼란을 전혀 느낄 수 없고, 오히려 아련한 옛 추억을 떠올릴 것 같은 기분이 든다. 이때 부친의 나이는 겨우 스물여덟으로 자신의 생애에서 첫 근무지를 떠나는 감회가 참으로 깊었을 것이다. 유학을 마치고 돌아온 부친이 공무원으로 처음 근무했던 고장인 공주를 두고, "고요한 땅, 거룩한 땅"으로 부른 건 그만큼 애정이 컸기 때문이다.

부친은 특히 일제 패망의 막바지였던 1945년 3월 26일부터 공주를 떠나던 1945년 12월 27일까지 자신의 생명을 보호하게 된 이유가 공주에서 직책 때문이라고 생각하며 깊이 감사했다. 부친의 서류함에서 발견한 다음 쪽지에는 1981년 11월, 양력 66세 생일을 맞아 다시 찾은 공주에서 갖는 추억과 애정을 진솔하게 표현하고 있다.

> 공주(公州)야 잘 있었더냐
> 내 너를 못 잊어 다시 찾아왔노라
> 너는 나를 감싸주어 이곳에서 잘 있게 하여 주었다
>
> 나는 이곳에서 왜놈의 압정에서 피신하였고
> 이 나라 해방의 기쁨을 품에 안겼으니
> 나에게는 더없이 고마운 곳이다
>
> 내 오늘 이곳 공산성 옛터에서
> 지난날을 회상하면서 새로운 꿈을 새겨본다
> 공산성아, 잘 있거라
> 큰 꿈 이루어서 또다시 찾아오마
>
> 　　　　　1981. 11. 2 旧 10. 6
> 　　　　　공주 공산성터에서

충청남도 도청은 부친이 공주군 군속에 임명되기 전 약 2년간 근무했던 곳이어서, 자신의 표현대로 "소신껏 충실히 공무에 몰두했다"고 한다. 그러던 중 해방이 된 지 두 해가 지난 1947년 5월, 부친은 교육에 헌신하기로 마음먹고 충남 도청을 떠나 마침내 10년 만에 고향으로 돌아오게 되었다.

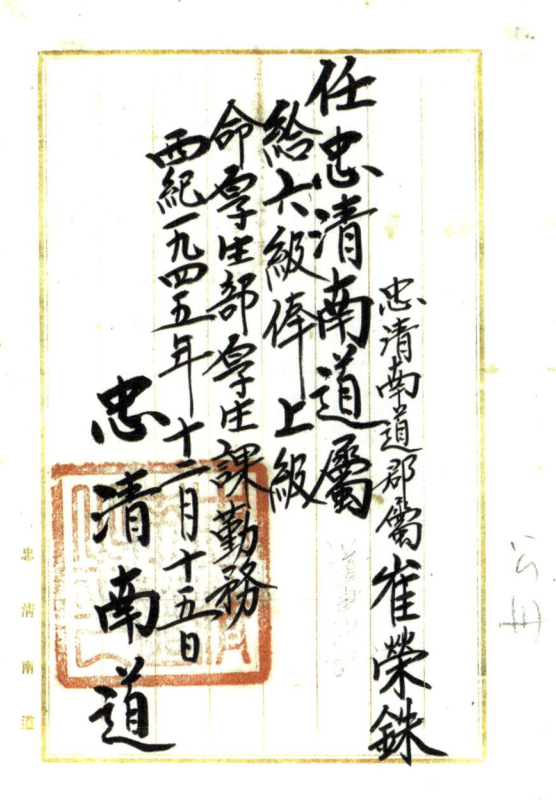

[충청남도 도청 발령장]

고향을 떠난 객지 생활이나 도시 생활이 화석처럼 굳어진 오늘날 기준이 아니라 당대의 기준으로 보더라도 부친의 귀향은 드문 예가 된다. 당시로선 도쿄에서 유학을 마치고 충청남도 도청에서 남들이 선망하는 직위를 가진 젊은 엘리트가 공직을 떠나 중소도시나 다름없는 해방 이후의 경주로 돌아온다는 건 자신에게 보장된 탄탄한 미래를 스스로 포기하는 것과 같았다. 오늘날 출향과 귀향을 수없이 되풀이하며 살아가는 사람들과 달리, 부친에게는 오직 한 번의 출향—도쿄 유학과 충청남도 공무원—과 영원한 귀향이 있었을 뿐이다.

[내 조모와 부친 및 만송 선생 친서]

부친이 1947년 경주로 귀향한 이래 평생 한곳에서 지냈다는 사실은 나에겐 불가사의한 일로 여겨진다. 나는 부친이 맡았던 직을 잇기 위해 쉰을 넘은 나이부터 경주에서 지냈다. 그래서 조국이란 자신을 서서히 마비시키는 아편과 같다고 말했던 아일랜드 작가 제임스

조이스(James Joyce)의 표현을 상기하여, 고향은 나를 한정된 영역에 가두는 울타리라는 생각을 할 때가 많았다. 자신과 비교하여 뭔가 배워 볼 만한 사람이 적다거나, 일상에서 스스로 활력을 추구하지 않으면 나를 왜소화시킬 일들을 겪을 때면, 서른 이후 고향에서 지내며 특유의 기상과 활력을 유지했던 부친이 어떻게 일상을 개척했는지 경이로움을 품는다. 그러나 많은 어려움을 극복하고 자신을 지켜왔던 힘의 원천 가운데는 젊은 시절 유학 체험이 분명히 작용했을 것으로 믿는다.

3장

학교의 탄생
― 만송교육재단 설립과 계림중학교 개교

석봉의 흔적을 찾아서

3장. 학교의 탄생
―만송교육재단 설립과 계림중학교 개교

[경주예술학교 1회 졸업식]

한 장의 사진이 나를 사로잡는다. 마치 김진이라도 된 듯이 나는 꼼짝도 하지 않고 한자리에서 계속 이 사진을 응시했다. 그것은 오랜 방황과 고행 끝에 발견한 성자의 상(像)처럼 반가움과 생소함, 그리고 묘한 희열을 한꺼번에 안겨주었다. 경주 보문단지에 위치한 솔거미술관, 건축가 승효상이 설계하여 경주 명소로 자리 잡은 이 미술관 입구에는 커다란 흑백 사진이 건물 안내도처럼 전시되어 있다. 사진 속 날짜는 1948년(단기 4281년) 5월 11일. 옛 경주 역사(驛舍) 앞에서 찍은 경주예술학교 1회 졸업식 기념사진에 젊은 부친의 모습이 조용히 등장했다. 사진에는 1회 졸업생 일곱 명의 얼굴과 부친의 모습, 학교 관계자 몇 명이 보였다.

조국이 일제로부터 해방된 이후 남한 최초의 예술학교로 문을 연 경주예술학교 졸업사진에 어떻게 부친이 등장했을까. 당시 서른한 살 나이였던 부친은 충청남도 도청 후생관 직을 사임하고 경주로 내려와 자신의 계획에 따라 이제 막 학교 경영의 길로 들어선 모습이었다. 사진 속 눈빛과 자세로 보아 부친은 혼란했던 시대 상황 속에서도 평생 교육자의 길을 간다는 운명을 예감한 듯이 보였다. 자기 생각을 주변에 알리는 행위는 애당초 부친의 성미에 맞지 않았던 것이다. 인생에서 낯선 길로 들어설 때 치루야 될 희생이 무엇이든, 자신의 선택을 받아들이며 어떤 어려움이라도 감수하겠다는 태도였다.

경주예술학교는 부친에게 운명이자 천직이 된 학교 경영의 길로 접어든 첫 단계가 되는 곳이므로 나는 시간을 거슬러 이 시기로 되돌아간다. 부친이 『나의 자서전기』에서 술회한 내용을 토대로 경주예술학교와 그 뒤를 이은 계림중학교 시절 행적을 탐색한다.

※　　　　　　　　※

경주 지역 미술가인 최용대는 자신이 쓴 「경주예술학교의 꿈과 좌절」에서 경주예술학교 태동 배경을 이렇게 설명하였다.

광복 전후로 경주 지역은 문화 예술계 전반의 활발한 활동, 일본 유학생들의 귀국 합류, 그리고 지역의 지주 및 재력가의 후원 등으로 문화 예술적 역량이 고조되고 있었다. 향토예술인 및 문화계 인사들이 대거 운집하여 활기를 보였으며, 이들은 자연스럽게 예술교육의 필요성을 인식하게 되었다. 고도(古都) 경주는 천년 신라문화의 깊은 전통의 토대 위에 새로운 근대문화를 익힌 인재가 많았다. 해방과 더불어 일제의 잔재를 청산하고 통일국가를 자주적으로 수립하려는 사회 분위기와 맞물려 근대적 민족문화 건설이 이들의 당면한 과제이자 사명이었을 것이다. (『경주미술의 뿌리와 맥 7인』. 259쪽)

경주예술학교 설립은 해방과 함께 외국에서 유학한 젊은 예술가들의 귀환과 더불어 지역에서 예술학교를 설립하려는 움직임, 그리고 이들의 요구를 현실적으로 가능하게 하는 지주 계급의 힘이 어우러진 데서 온 결과였다. 당시 정치적 혼란기에서도 한반도 북쪽에서는 해주, 남쪽에서는 경주가 예술적 기운이 강렬히 분출하는 곳이 되었다. 이후 해주예술학교와 경주예술학교가 만들어지게 되었다는 건 시대적 우연이라고 볼 수 없는 상황이다.

경주예술학교 설립 과정은 어수선했던 해방 이후 분위기로 볼 때 기적이나 다름없었다. 해방 전 1940년 무렵부터 일본 등지에서 돌아온 유학생들이 경주로 모여 자신들의 뜻을 펼치는 단체를 세우려는 시도가 있었다. 이러한 노력으로 1945년 해방과 더불어 경주예술협회가 등장했지만 이 단체는 곧 해산되고 말았다. 이후 각 분야 전문가들로 이루어진 경주문학협회가 출범한 끝에 1946년 경주예술학원이 설립되었다. 1946년 5월 5일, 옛 경주역 건물(현 서라벌 문화회관)에서 문을 연 경주예술학원은 정식으로 인가받지 못한 2년제 사설 학교였고, 1948년 학제개편으로 3년제로 바뀌며 경주예술학교가 등장했다.

　여기서 당국으로부터 정식 인가를 받지 못한 채 뚜렷한 후원자도 없이 운영되었던 경주예술학교는 점차 어려움이 가중되었다. 그러다 재정난 타개와 대학 승격을 목표로 1948년 2월 경향신문과 동아일보에「특지가(特志家) 대망(待望)」이라는 기사를 냈다. 부친이 등장하게 된 시점은 바로 이 대목이다. 그동안 고향으로 내려와 지역 인물들과 접촉하며 조용히 탐색하고 있었던 젊은 나이의 부친은 이 소식을 듣고 교육사업에 진입할 기회를 포착했다. 그런데 이보다 먼저 1947년 5월, 경주문화협회 회장과 총무가 민족문화 발상지 경주에 신라 천년의 찬란했던 예술을 부흥하려는 뜻에서 부친에게 경주예술학원을 인수하여 장차 예술전문학교를 세우도록 권유한 적이 있었다. 부친은 이 사실을 다음과 같이 회고했다.

> 당시 예술학원은 경주 사정동에 소재한 구 경주 역사(驛舍) 건물에 주소를 두고 있었고, 운영 재원은 경주극장(현 동부동 한빛은행 자리)의 흥행 수입으로 어렵게 운영해 나가고 있는 형편이었다. 운영 주체는 경주문화협회장 손상목 씨와 총무 최기석 씨, 간사 신학수 씨였는데, 그들은 여러 면에서 힘에 부치어 학원 운영에 많은 어려움을 느끼고 나에게 인수해 줄 것을 권유하였다. 많은 협의와 정식 절차를 거쳐 1948년 경주예술학교의 경영권과 유지 재원을 인수, 인계받게 되었다. (『만송 60년사: 1949-2009』. 129쪽)

　경주문화협회 인물들과 협의 끝에 부친은 경주예술학원 인수를 결정했지만, 학교 설립에는 법적 장치와 재원이 필수적인 만큼 만송 선생과 협의가 먼저였다. 부친은 만송 선생에게 인근 수봉교육재단을 설립한 수봉(秀峯) 이규인(李圭寅) 선생이 경주중고등학교를 세운 경위를 상세히 설명했다. 이 말을 듣고 나서 만송 선생은 인수를 수락하고, 재단설립에 필요한 재산과 토지 목록을 건네며 부친을 격려했다. 새로운 기관을 설립하는 데 만송 선생의 재정적 지원이 필요한 만큼이나 부친의 법률적 지식과 공직 생활을 통하여 익힌 실무가 함께 요구되었다. 만송 선생은 자신이 소망했던 교육사업을 시작하기 위해 주요 현안을 내 부친과 논의했으며, 그때마다 부친은 시대 상황과 법적 절차, 자금조성 등 개교에 따른 문제들에 대한 소견을 피력했다. 이러한 과정과 논의를 거친 다음 경주예술학교 인수 작업이 구체화 되었다.

어렵고 까다로운 절차를 통해 부친은 재단법인 설립 허가와 경주예술학교 설립인가 신청서를 작성하여 당국에 제출했다. 이후 1949년 4월 26일, 문교부로부터 만송교육재단과 경주예술학교 설립인가를 동시에 받게 되었다. 재단법인과 학교를 공식적으로 인가받은 후 부친은 동분서주하며 개교 준비를 하고 1949년 5월 1일(단기 4282년 4월 26일) 경주예술학교 문을 열었다. 그동안 법적 장치와 재정적 후원자 없이 운영되다가 비로소 학교 체제를 갖추었기 때문에 경주예술학교 개교는 처음부터 큰 관심을 받았다. 1949년 1월 21자 영남일보에는 경주예술학교 설립에 대하여, "만송 최찬해 씨가 전문학교 승격을 목표로 논밭과 임야 등 약 일 천만원의 재단 기금을 희사했다"라고 썼다. 그 밖의 언론 기관에서도 이 사실을 크게 보도하며 만송 선생의 사재 헌납과 정식 예술학교 출범을 칭송했다. 법인 설립에 앞서 만송 선생이 넘겨준 재산목록이 경주예술학교 개교의 기초가 되었음은 두말할 나위 없다.

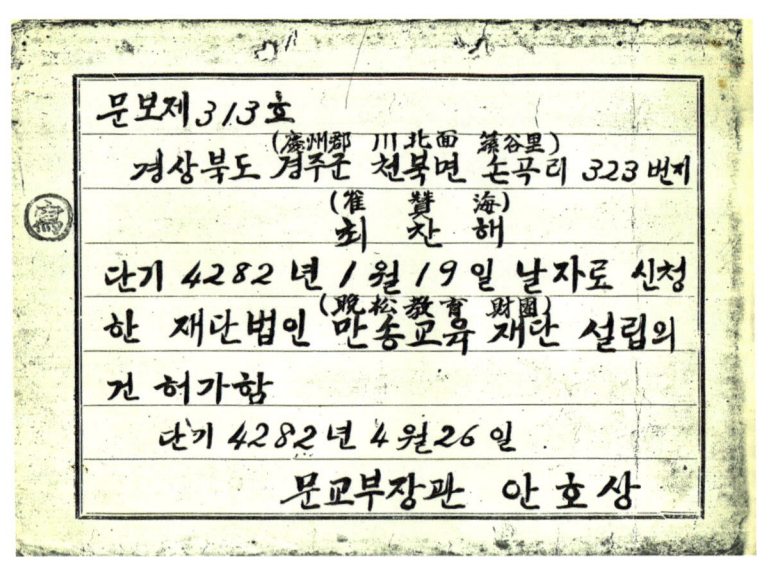

[만송교육재단 설립허가서]

  1949년 5월 1일 열린 경주예술학교 개교식에는 경주 지역 군수, 서장, 지청장 등 기관장들이 참석하였다. 초대 교장에는 서양화가였던 손일봉(孫一峰) 화백이 취임했고, 교감 겸 학교 운영책임자에는 초대 이사장인 만송 선생의 뜻을 받들어 부친이 임명되었다. 학교 운영권이 넘어온 후 교수진도 크게 보강되었다. 이 학교는 4년제 대학으로 계획되었던 만큼 미술과 및 음악과가 있었고, 개교 당시 학생수는 미술과 27명, 음악과 16명이었다. 당시 교수진을 살펴보면, 서양화에 주경(일본제국미술학교)과 손일봉(동경미술학교), 동양화에 김영기(북평 보인학교)와 이응로(가와바타미술학교), 조각에 윤효중(동경미술학교)과 유명(일본대학 예술학원), 미술사에 한상진(와세다대학 대학원), 국어에 이달문(대구사범), 법학에 최영조(일본대학) 등이 있었다. 지역 예술학교로서 교수진은 화려했다고 볼 수 있다. 특히 미술과는 학생들에게 남한 최초의 미술전문학교로 인식될 정도로 인기가 있었고, 학생들의 자부심도 컸다.

경주예술학교의 초대 교장을 지낸 손일봉 화백은 특별히 언급할 만한 인물이다. 그는 경주여자고등학교 교장을 지냈으며, 이 학교를 다녔던 나의 세 누님들의 은사였다. 우리 가족이 살았던 집에는 손일봉 교장이 그린 불국사 전경을 담은 유화 한 점이 집안의 역사만큼 긴 세월 동안 걸려 있었다. 무척 오래된 그림인지라 색상이 변하고 표면도 군데군데 떨어져 나갔지만, 이 그림은 우리 집의 변천사를 목격한 듯이 묵묵히 대청마루 위에 걸려 있었다. 오랜 세월과 반쯤 방치된 채 손길이 닿지 않은 까닭에 세월의 변화를 그대로 드러내고 있어도, 이 그림은 내가 이사 온 이후에도 변함없이 높다란 곳에 걸려 있다.

나는 십 년 전쯤 미국에서 대학을 다니던 아들이 교환학생으로 일본에 건너와 잠시 머물던 무렵 북해도 남단의 도시 하코다테에 간 적이 있었다. 처음으로 갔던 그곳에서 뭔가 향수를 자극하는 풍경에 큰 인상을 받았다. 그런데 나중에 자료를 뒤적이다 뜻밖에도 손일봉 교장이 해방 전 이 도시에서 미술 교사를 지냈던 사실을 발견했다. 부친보다 열두 살 위의 나이였던 그는 동경미술학교를 졸업하고 일본인 아내를 얻어 그곳에서 살았던 까닭에 해방 후 한국에서 정착하는 데 어려움을 겪었다고 한다. 그는 경주예술학교 시절 좌익 학생들로부터 친일파로 몰려 사퇴한 적이 있었고, 자신의 배경 때문에 재능이 제대로 인정받지 못한 데 좌절하기도 했다. 경주예술학교를 통하여 우리 집안과 인연을 맺은 그는 경북 지역에서 중고등학교 교장을 역임하며 중진 유화 화가로서 활동을 계속했다.

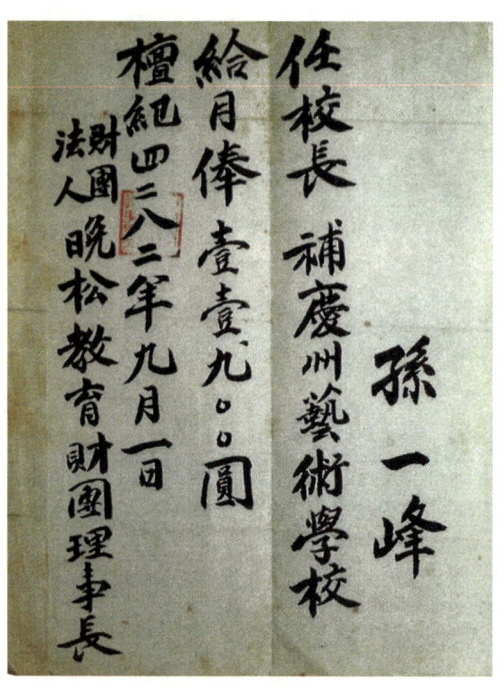

[손일봉 교장 임명장]

경주예술학교는 짧은 기간 지역의 중추적 예술기관으로 존속했다. 그러다 정부 수립 이후 한국전쟁까지 격동기 정국의 소용돌이에 휘말려 학교 운영에 큰 어려움을 겪으며 해체의 길로 접어들었다. 당시 좌우익 간의 사상 논쟁과 투쟁이 극심하던 중 일부 교수가 월북하는 사건이 발생한데다 전쟁으로 말미암아 짧았던 역사를 마무리하게 된다. 경주예술학교는 출발 당시 4년제 대학으로 계획되었지만 끝내 정식 예술대학으로 인가받지 못한 채 3년제 전문학교로 운영되다가, 1952년 2회 졸업생을 배출하고 문을 닫았다.

결과적으로 경주예술학교를 통한 체험은 부친에게 온전한 사학 설립을 위한 계기를 마련했다. 그 이유는 학교 경영자로 직접 참여하지 않은 채 만송교육재단을 통한 간접적 운영은 통상적 방식과 다른 느슨한 형태의 관리였기 때문이다. 만송교육재단이 법적 주체임에도 부친은 이 학교의 실질적 운영자가 아니었고, 경주예술학교는 독자적 운영 방식을 고수했던 것이다. 달리 말하면, 경영자가 아닌 재정적 후원자를 찾는 이 학교의 요구에 만송교육재단은 재단과 운영비를 제공하면서도 실질적 운영은 학교에 맡겨두었기 때문에 책임 있는 운영이 되지 못했다. 이런 까닭에 1950년을 전후하여 학교의 모든 사정이 악화일로를 걷게 되자 자연스럽게 폐교의 길로 접어들었다. 경주예술학교의 폐교는 시대적 상황, 전국적으로 발돋움하기 힘든 지역적 한계가 그 이유가 된다. 더욱이 재단과 학교 운영진이 긴밀한 관계를 갖지 못하고 독립적으로 존재했다는 사실이 진정한 사학으로 한계를 드러냈다고 볼 수 있다.

※   ※

경주예술학교가 문을 닫을 즈음, 부친은 중등학교인 계림중학교(鷄林中學校) 설립의 뜻을 세우고 만송 선생과 구체적인 논의에 들어갔다. 대학에서 법률을 전공하고 4년 동안 공무원 생활로 익힌 실무지식이 다시 학교 인가를 받는 데 큰 역할을 했다. 게다가 능동적 역할을 하지 못했던 경주예술학교 운영 경험은 부친으로 하여금 학교장으로 직접 경영에 참여하는 결심을 굳혔다. 얼마 후 지역 언론에 보도된 '계림중학교 설립인가 공고문'은 당시 상황을 명료하게 보여주고 있다.

> 중학교 설립 인가근고(認可謹告)
>
> －교명　　鷄林中學校
>
> －주소지　경주읍 교리 18번지
>
> －문교부 장관 인가년월일　4285년 1월 1일
>
> －계림중학교 유지를 위한 기본재산 증가액　1억6천만원
>
> －설립자　경주군 천북면 손곡리 55　崔贊海
>
> －기타　본 법인은 경주예술학교를 병설 유지 경영함
>
> 　　　　　　　　　　　　　財團法人 晚松敎育財團

(『만송 60년사: 1949－2009』. 140쪽)

　　설립 인가에 이어 1952년(단기 4285년) 3월 26일, 경주 교동(校洞) 향교(鄕校)에서 열린 개교식에는 지역 유지 다수와 경상북도 문교사회국장 및 학무과장 등이 참석하여 성대히 식을 거행하게 되었다. 당시 교사진용을 보면 교육계의 원로인 김창준을 비롯하여 한학의 대가였던 김형진, 철학자 최일준과 유진, 시인이었던 박주일, 경주고등학교에서 이직한 정규섭, 송일수, 심장식 등 지역 교육계에서 명망 있는 인물들이 망라되었다. 나는 부친이 보관했던 낡은 서류철에서 자필로 쓴 「學校長 人事」라는 개교식 연설문을 발견했다.

　　만물이 약동하는 희망의 봄을 맞이하여 오늘 본군(本郡) 군수, 영감(令監)님을 비롯하여 지방관민 유지(有志), 학부형 여러분을 모시

고 전통에 빛나는 이 자리에서 본교 개교식을 거행하게 되었음을 우리 학교의 무한한 영광이며 학생 여러분과 함께 한없이 기뻐하는 바입니다. 우리 겨레는 반만년의 유구한 역사를 가진 자타가 공인하는 찬란한 문화민족입니다. 다행히도 우리 경주에는 문화 유적이 많이 남아 있어서 이것을 훌륭히 사실로써 증거하고 있습니다.

그러나 우리 겨레는 근세에 와서 '아는 힘'이 없었기 때문에 세계 열강으로부터 약소민족이라는 명예롭지 못한 오명을 역사의 기록에 남기게 되었습니다. 이 얼마나 수치스럽고 원통한 일이 아닙니까. '아는 것은 힘이다.' 이 어귀는 여러분이 이미 잘 알다시피 우리 학교 배움의 슬로건입니다. '아는 힘'은 누구나 다 가질 수 있고, 또 반드시 가져야 합니다.

학생 여러분, 여러분이 지금 디디고 선 그 땅속에 얼마만큼의 금은보화가 축적되어 있는지 누가 알겠습니까. 우리는 남 먼저 이것을 알아내지 못했기 때문에 오늘날 무지한 민족, 힘없는 민족이 되었지 않습니까. 하필 지하뿐이겠습니까. 우리는 남 먼저 '아는 힘'을 가졌다면 아무것도 보이지 않은 이 공간에서도 남 먼저 전자(電子)를 따올 수 있었고, 원자(原子)를 따올 수 있었고, 혹은 수소(水素)를 따올 수 있었으리라고 확신하는 바입니다.

우리 겨레는 과연 약소민족일까요? 결코 그렇지 않다고 생각합니다. 세계 민족성을 연구하는 역사가들은 우리 배달민족이 가장 우수한 민족의 하나임을 연구 결과로써 증명하고 있습니다. 지금까지 우리는 배움에 게을리 않았든, 앎에 굶주리지 않았든, 우리는 무엇보다도 먼저 알아야 하고 배워야 합니다. 비록 무의식적이라 할지라도 여러분은 이러한 행동 앞에 이 마당에 모였으리라고 믿고 기뻐하는 바입니다. 앞으로 대한민국의 중견 공민(公民)으로서 인권을 누려야 할 학생 여러분은 대한민국의 학도로서 먼저 맡은 바 할 일을 완전히 다 하여야 함은 더 말할 필요조차 없으리라고 믿는 바입니다.

신라의 옛 서울, 유서 깊은 계림 속에서 우리의 아버지, 할아버지가 인격을 도야하시던 전통 있는 이 자리에서 배울 수 있는 우리 학교만의 자랑과 포부를 길이길이 빛나게 하여, 여러 전통을 이어받아 학생 여러분의 '아는 힘'을 길러주길 명심하여 주시기 바랍니다. 이곳 교촌(校村)이 그야말로 명실상부 훌륭하고 이상적인 배움의 마을이 되도록 배움에 전심전력을 다하여 주기를 간절히 바라고, 이 마당에 모인 학생 여러분의 장래에 많은 행복이 있기를 빌면서 이상으로 간단하나마 인사말에 대하고져 합니다. 끝으로 오늘 공사(公私)에 대단히 바쁘심에도 불구하고 멀리 이곳까지 왕림하여 주셨어 이 식(式)을 더욱 빛나게 하여 주신 내빈 여러분께 깊은 경의와 감사의 뜻을 올립니다.

단기 4285년 3월 26일
鷄林中學校長 崔榮造

계림중학교 개교식에서 했던 연설은 오늘날 시각으로 보면 특별한 데가 없는 것처럼 보인다. 하지만 당시 서른다섯 살이었던 부친은 요즘으로 치면 기간제 교사 정도의 나이에 불과했고, 아직도 전쟁이 진행되던 터라 모든 상황이 불확실하기만 했던 현실에서 비추어본다면 그 의미가 다를 것이다. 개교식 연설 장면을 생각하면 유난히 의식(儀式)에 각별했던 부친의 모습이 떠오른다.

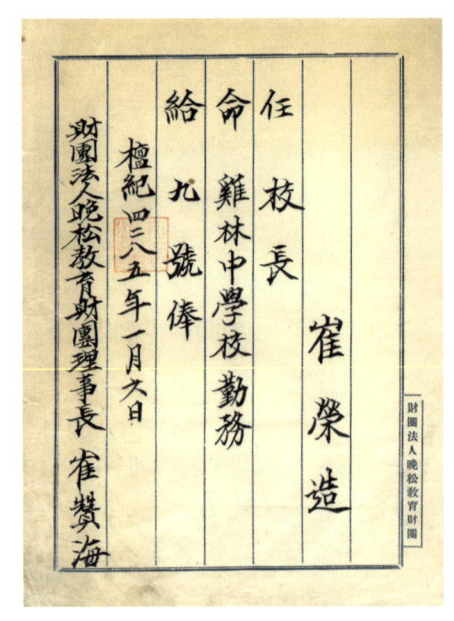

[계림중학교 교장 임명장]

집안의 제례든, 바깥 행사든, 아니면 낯선 사람을 대할 때든 부친은 늘 절제된 몸가짐과 언어를 사용했다. 정성과 예의로써 표현되는 의식은 그 배후에 초월적 힘이 존재한다고 믿는 데서 나온다.

유서 깊은 신라 유적 계림이 병풍처럼 둘러싸고 있는 향교 명륜당(明倫堂)에 모인 사람들 가운데는 제대로 입지도 먹지도 못한 학생들이 많았다. 치열했던 전쟁이 언제 끝날지도 모르는 상황에서 누구나 생존을 걱정하던 시기였기에 개교식에 참석한 사람들의 표정에는 어두운 그림자가 깃들었다. 그러므로 부친의 연설은 자못 비장한 느낌마저 불러일으켰을 것이다. 부친은 '아는 것'이 없어 피식민지로 전락했던 불운한 우리 역사를 학생들에게 주지시키는 가운데 머릿속으로 교육자의 길로 들어선 자신의 운명을 다시 확인했다.

[계림중학교 개교 기념 사진]

개교 당시 계림중학교는 학교 시설로 부족하기 그지없는 향교를 빌려 임시교사로 사용했다. 제대로 관리되지 못해 허물어져 가는 건물을 겨우 학교 용도로 바꾼 탓에 추운 겨울에는 수업조차 어려웠고, 무더운 날씨에는 향교와 맞닿은 계림 숲에다 책걸상을 옮겨 놓고 수업을 받았다. 이처럼 열악한 교육 환경이었지만 배움에 대한 학생들의 열의는 컸다. 옛 서당 교육 현장을 그대로 재현해 놓은 듯한 향교 분위기는 콘크리트 건물과 유리 창문으로 뒤덮인 현대식 학교 모습과 너무나 대조적이었음에도 교사와 학생들 사이의 친밀감은 어느 때보다 높았다. 교실이라기보다 '방'에 가까웠던 수업 공간은 애초부터 한정된 학생들만 수용할 수밖에 없었기 때문에 자연히 소통이 깊어질 수밖에 없었다.

[향교 내부]

[향교]

　사정이 이러함에도 계림에 자리 잡은 향교에서 개교는 특별한 의미를 갖는다. 향교는 경주를 중심으로 하는 영남의 유림들에게 만남의 곳이자 학문 토론의 현장이었던 까닭에 계림중학교에 대한 지역민들의 관심이 컸다. 개교 다음 해인 단기 4286년 3월 22일자 정경신문(政經新聞)에는 「고궁(古宮)에서 일어서는 계림중학교의 전망 지대(展望至大)」라는 제목으로 계림중학교와 학교장인 부친을 다음과 같이 소개하고 있다.

　교가에서 보는 바와 같이 계림중학교는 옛정서 그대로 풍기는 고궁에 자리 잡고 있다. 단기 4282년 4월 26일 재단법인 만송교육재단이 설립된 후 동(同) 83년 3월 11일 전신(前身) 계림고등공민학교 시대를 거쳐 동 85년 1월 1일 개교한 후 다음과 같은 경영방침에 의해 새로운 이채를 띠고 획기적인 발전의 길에 들어섰다.

이상과 같이 운영되고 있는 동교에는 현재 6학급에 410명의 학생을 짧은 시일에 수용하였다. 고궁에 솟아오르는 동교는 앞으로 경주의 계림 숲과 함께 상징적인 존재가 될 것이다. 더욱이 최영조 씨는 금년 37세의 젊은 교육가로서 일찍이 일본대학(日本大學) 출신으로 의지력이 강할 뿐 아니라 지혜와 총명이 뛰어난 인재로 세상에 알려지고 있다. 좋은 인재와 좋은 사업은 보다 좋은 사회적 공헌으로 될 것은 의심할 필요가 없을 것이다. 서라벌의 황홀한 장래와 계림중학교에 영광이 있으라. (『만송 60년사: 1949-2009』. 141쪽)

새로운 학교에 대한 지역민의 기대는 컸지만, 전쟁에 따른 빈궁하고 불확실한 상황들은 날로 깊어갔다. 낡고 불편한 시설에다 교사들의 빈번한 변동과 더불어 학생들의 전출입이 다반사였기에 학교를 운영하는 부친의 고민은 일상이 되다시피 했다. 유학을 마치고 앞날이 창창한 공무원 생활을 접고 고향으로 내려와 학교 경영의 길로 들어선 부친은 나름대로 각오는 했어도 하루하루 실질적으로 부딪치는 문제는 상당한 시련을 요구했다. 하지만 이러한 어려움에도 불구하고 학교는 조금씩 앞으로 나아가 틀을 갖추기 시작했고, 재학생 숫자는 어느덧 700여 명이나 되었다. 1952년 개교한 계림중학교는 1968년 학칙변경으로 교명을 선덕여자중학교로 바꿀 때까지 1,874명의 졸업생을 배출했다. 초기 계림중학교 졸업생 가운데는 경주시장을 지낸 이원식, 부시장이었던 오해보, 김경술 등 지역사회의 중추적 인물들이 많았다.

〈계림중학교 졸업생 현황〉

회수	졸업일	졸업생수	졸업생누계	회수	졸업일	졸업생수	졸업생누계
제1회	1952.03.27.	31	31	제11회	1962.02.10.	54	1,153
제2회	1953.03.18.	85	116	제12회	1963.02.07.	105	1,258
제3회	1954.03.03.	181	297	제13회	1964.02.07.	66	1,324
제4회	1955.02.29.	175	472	제14회	1965.02.12.	117	1,441
제5회	1956.02.29.	141	613	제15회	1966.01.27.	78	1,519
제6회	1957.03.02.	218	831	제16회	1967.02.10.	43	1,562
제7회	1958.02.26.	109	940	제17회	1968.01.20.	58	1,620
제8회	1959.02.25.	61	1,001	제18회	1969.01.20.	78	1,698
제9회	1960.03.07.	47	1,048	제19회	1970.01.22.	83	1,781
제10회	1961.03.03.	51	1,099	제20회	1971.01.20.	93	1,874

(『만송 60년사: 1949-2009』. 152쪽)

    이처럼 학교가 하루가 다르게 발전하고 있을 무렵, 경주의 명문 대가로서 전국적으로 명성이 알려진 교동 최부자 집안의 최참봉(최준을 일컫는다) 어른이 어느 날 학교를 방문하여 부친에게 이렇게 일렀다. "榮造, 네가 이곳 향교에서는 더 발전할 수가 없으니 다른 곳으로 터를 잡아 학교를 이전하는 게 좋겠구나. 여기 있는 게 못마땅해서 그런 건 아니다." 평소 존경하던 어른에게 들은 이 말을 두고 부친은 "평생 잊지 못할 분부"로 받아들였다고 한다. 명망 있는 어른이 학교 장래를 위하여 진심으로 내린 고언을 부친은 나중에 주위 사람들에게 이따금 들려주었다. 하지만 학교부지를 물색하여 언젠가 건물을 지으려는 계획에 불씨를 당긴 이 말을 처음 들었을 때 부친은 내심 서운함을 느꼈다고 한다. 그 당시 교동에 위치한 향교는 바로 옆 고가(古

家)에서 지내고 있던 최준의 영향력 아래 놓여 있었고, 공적인 건물을 마냥 사용할 수 없다고 판단했기 때문에 하루빨리 학교 건물을 짓는 게 필요하다고 권유했다.

[최준 고가]

최준으로부터 엄중하면서도 애정이 담긴 분부를 받고 난 이후 부친은 큰 고민에 빠졌다. 더욱이 부친에게 큰 버팀목이 되었던 만송 선생이 1960년 4월 향년 77세로 홀연히 세상을 떠나자 학교 터를 잡고 건물을 세우는 부담이 온전히 부친에게로 넘어왔다. 내 기억에 부친의 인생에서 가장 역동적이면서도 힘든 시련기는 바로 이 무렵부터 시작되었다. 이것은 한편으로 부친에 대한 인상이 가장 선명하게 각인되는 계기가 되었다. 계림중학교가 문을 연 1952년부터 시내 인왕동에 터를 정해 학교를 옮긴 1968년까지 부친은 임시교사를 사용하여 학교를 운영했던 까닭에 남달리 학교 시설에 대한 집념이 컸다.

그리하여 인왕동에 터를 잡고 학교 건물을 세우는데 온갖 어려움을 기꺼이 감수했다.

　부친이 향교에서 계림중학교를 시작했던 1952년은 바로 내가 세상에 태어난 해가 된다. 말하자면 1952년은 내 인생의 출발이자, 부친이 학교를 시작한 시점이 겹치는 상징적 해가 되었다. 계림중학교를 통하여 교육사업을 시작한 시기가 내가 태어난 해와 일치한다는 건 우연인지 몰라도 내 직업 또한 교직이 될 운명임을 예견한다. 이 시기로부터 학교를 중심으로 한 부친의 모든 활동이 나의 뇌리에 들어왔으며, 많은 일들이 기억과 회상의 영역으로 편입되었다. 계림중학교가 시작되었던 1952년부터 1980년대 후반에 이르기까지 사립학교 운영은 온갖 어려움의 연속이었다. 이런 가운데 부친이 우리에게 안정된 삶을 제공했다는 건 커다란 행운이 아닐 수 없었다. 이 기간에 나는 대학을 마치고 잠시 직장 생활을 하다 유학길에 올라 미국에서 영문학 박사 학위를 취득하고 평생 직업이 된 대학교수로서 새로운 삶을 시작했다.

　계림중학교가 문을 열었던 1952년부터 거의 반세기 동안 부친은 학교장을 지냈다. 학교장이란 명칭은 부친의 삶에서 운명적으로 부여된 직위였고, 내가 살았던 동네에서 우리집은 '교장댁'으로 통했다. 부친이 일생을 바친 사립학교의 여명기라 볼 수 있는 계림중학교 시절을 되돌아보면 부친에게 집요한 생명력이 느껴진다. 비록 대지주의 아들로 태어났다고 하지만 만송 선생이 이룬 재산은 당대에 이미 자식들에게 물려주어, 넷째 아들이었던 부친에게 남겨진 재산은 다른 형제들에 비해 나을 것도 없었다. 다만 차이가 있다면 부친은 자신이 받은 재산을 잘 지켜왔다는 것뿐이었다. 이것은 부친이 훗날 내게 심어준 커다란 인생 지침이 되었다. 세상을 살아오면서 내가 항상 상기하는 부친의 교훈은 두 가지였다. 첫째 교만하지 말 것이며, 둘째 건강이든 재산이든 자신이 가진 것은 제대로 지켜야 한다는 사실이다.

내가 있는 선덕여자고등학교 2층 자료실에 전시된 향교 시절 흑백 사진들은 옛 기억을 떠올리게 한다. 모든 것이 궁핍했던 시절에도 부친을 비롯한 교사들은 말쑥한 정장 차림이었고, 학교 행사에는 흰 두루마기를 걸친 노인들의 모습이 등장한다. 그 시절 이들은 무슨 생각을 품었을까. 모든 것이 넘쳐나는 오늘날과 달리 보릿고개도 넘지 못했던 시절, 사람들이 학교에 모인 건 그래도 배움의 장소에 대한 호기심 때문이었으리라. 빛바랜 사진첩을 넘기다 계림중학교 조례식에 참석한 조부의 모습을 보았다.

[조례식에 참석한 만송 선생]

사진 속 조부는 이 시절에 대한 향수를 더없이 자극한다. 두루마기에 갓을 쓴 채 학생들로부터 우렁찬 경례를 받고 있는 조부와 그 옆에 서 있는 젊은 부친의 모습은 아침이슬처럼 신선한 느낌으로 다가와 어려운 상황을 무릅쓰고 학교를 설립했던 이유를 극명하게 말해준다. 전쟁 이후 황무지 같은 현실에서도 신라 역사의 기원이 된 거룩한 터전인 계림에서 학교를 시작했다는 이유만으로 새로운 희망을 품게 만든다.

지금도 자주 찾아가는 향교에 가면 그 옛날 모서리에 있었던 교장실 광경이 떠오른다. 흰색 커버를 씌운 소파 옆에 놓인 책상에 앉은 부친은 근엄한 금테 안경에 단정히 넥타이를 맨 양복 차림으로 업무를 보던, 말 그대로 '젊은 교장'이었다. 향교에 들어서면 또한 순수한 아날로그 시대를 상기시키는 일들이 동시에 떠오른다. 전화기가 없었던 시절, 학교와 집 사이의 연락은 우리 가족이 '소사'라고 불렀던 직원의 발걸음에만 의존했다. 젊은 나이의 그는 참으로 부지런한 발걸음으로 학교와 집 사이의 연락을 충실히 맡았건만 지금은 소식조차 알 길이 없다. 이와 함께, 학교에서 수업 시작과 끝을 알리던 무쇠종은 아날로그 시대의 진기한 발명품으로, 청량하게 울려 퍼지는 소리는 그 시대를 거쳐 간 모든 사람의 기억을 일깨운다.

부친이 계림중학교를 운영하던 시절 나는 인근에 있는 황남국민학교를 졸업하고 경주중학교에 다녔다. 그 당시 경주중학교는 지역의 명문학교로 학교 규모와 학생숫자는 계림중학교와 비교되지 않을 만큼 컸다. 경주중학교 시절, 나는 부친이 향교에서 학교를 한다는 사실이 부끄러워 친구들에게 이 사실을 숨기기도 했다. 그리고 학교다운 학교를 만들지 못한 부친을 속으로 원망했다. 내 체면만 생각한 나머지 부친이 어렵게 학교를 꾸려나갔던 세월을 헤아리지 못했던 그 시절을 상기하면 새삼 서글퍼진다. 지금과 달리 사립학교에 대한 국가 지원이 전혀 없었고, 학교 재원이라곤 수업료에 해당하는 '공납금'과

학교법인이 보유한 농지에서 나오는 보잘것없는 수입이 전부였다. 그 시절 부친은 머리를 싸매고 학교 향방을 고심했던 것이다. 자존심과 집념이 강했던 부친은 그토록 힘든 환경에서 학교를 지켜나가면서도 가족에게 내색하지 않았다.

[계림중학교 행사]

여기서 문득 대학에서 내 전공 분야가 된 미국 문학을 생각하게 된다. 미국 문학을 강의하고 연구하면서 나는 여러 작가들과 친숙하게 되었는데, 그중에서도 특히 소설가 어네스트 헤밍웨이(Ernest Hemingway)에게 매료되었다. 그의 작품에서 역경을 헤치고 묵묵히 나아가는 인물들의 모습은 어떤 말이나 논리를 넘어 삶에 대한 자세를 일깨워준다. 말보다는 행동이 우선이었고, 어려운 상황에서도 힘든 내색을 하지 않았던 부친의 태도야말로 학교 경영의 길로 들어선 순간부터 몸에 베인 습성이 아니었을까. 이상보다 실천적 덕목을 우선으로 했던 부친에게 지속적인 인내를 요구하는 학교 경영이 진정한 스승이 되었다고 본다.

이 시절, 내 기억에 깊이 박힌 건 어릴 적 우리 가족이 살던 집이었다. 부친이 오랫동안 살았던 그곳은 집안의 역사가 집중된 장소였다. 이곳에서 70여 년을 지냈던 부친은 세상을 떠날 때까지 여기서 많은 시간을 보냈다. 나 역시 여기서 태어나 자랐고, 나중에 결혼하여 아내와 잠시 지내기도 했다. 지금은 고적 정비로 말미암아 공원 녹지로 변모했지만, 경주 시내 팔우정(八友亭) 근처에 있던 그곳은 영원한 고향 집이었다. 기와지붕에 운치 있는 긴 흙담과 계절마다 아름다운 정경을 펼쳤던 정원, 집 뒤에 놓여 있던 감나무밭은 신비스러운 공간으로 안내할 것만 같은 동화 속 분위기를 낳았다. 그 장소가 베푼 정감 어린 추억과 혜택은 바로 부친의 손길이 작용했기 때문에 나는 성인이 된 후에도 늘 감사를 품었다. 지금도 꿈속에서 만나게 되는 옛날 집, 그 속에서 나는 부모님 모습을 함께 본다.

계림중학교 시절 일어났던 일들 가운데 기억에 남아 있는 건 만송 선생이 작고했을 때였다. 선비 같은 자세로 일관했던 분인지라 누구도 만송 선생이 세상을 떠날 거라고 쉽게 생각하지 않았다. 그러다 1960년 4월 26일 아침, 집안 사람이 황급히 집으로 찾아와 부산에 출타 중이었던 조부가 그곳에서 세상을 떠났다는 소식을 전했다. 말 그대로 청천벽력 같은 일이었다. 그 순간 이후 모든 일들이 동시다발적으로 진행되었다. 비탄의 울음소리와 더불어 마당과 앞 밭에 조문객을 맞이하려고 펼쳐진 천막들, 상복을 만드느라 쉴새 없이 돌아가는 재봉틀 소리, 어디선가 데려온 소를 도축하여 가마솥에 끓이는 소리, 천막 안으로 펼쳐진 수많은 독상, 이윽고 밀어닥친 문상객들… 그리고 며칠 후 치러진 장례식까지 모든 일이 숨가쁘게 돌아갔다.

　장례식 당일, 팔우정 로터리를 뒤덮은 만장(輓章) 행렬과 상여 뒤를 따르는 무수한 사람들을 생각하면 한 시대를 풍미했던 위인의 죽음을 연상할 정도였다. 그렇다, 만송 선생의 별세와 함께 한 시대가 마감한 것이다. 우리 집안의 중흥을 가져왔으며, 엄격한 자기관리로 사람들에게 나침판이자 도덕적 관리자 역할을 했던 내 조부의 별세는 어린 나에게 깊은 충격으로 다가왔다. 어릴 적부터 만송 선생은 내게 공인이나 유학자로서 면모보다 인간적 모습을 더욱 느낄 수 있는 '엄하지만 가까운' 분이었기에 세상을 떠났다는 사실을 믿을 수 없었다. 마침내 선생을 실은 운구는 자신이 태어나고 자란 손곡마을에 당도하여 그곳 만송정 옆에 마련된 묘역에 안장되었다.

　만송 선생의 별세는 부친에게 형언할 수 없는 상실감을 가졌다 주었다. 집에서 직접 어른을 모셨던 데다 경주예술학교 시절부터 계림중학교에 이르기까지 만송 선생을 뜻을 충실히 받들어 학교 운영을 함께했던 아들은 부친뿐이었기 때문이다. 부친에 대한 만송 선생의 신뢰는 남달리 깊었으며, 육영사업에 명운을 걸었다는 점에서 깊은 일체감을 가졌다. 이와 동시에, 가장(家長)이자 집안 전체를 대표하는 만송 선생의 별세는 그동안 학교를 운영해왔던 부친에게 지금까지와 다른 도전과 시련의 시작이 되었다.

[이 시절 부친 모습]

　'학교의 탄생'이라는 제목을 정해 놓고 글을 쓰는 중, 교동 향교를 다시 찾았다. 이곳에 오면 늘 기원(起源)이란 어휘가 떠오른다. 내겐 기원이 되는 시간과 장소가 있다. 내가 세상에 태어난 해가 그렇고, 조상들이 잠들어 있는 산소도 그렇다. 이곳 향교에서 기원이란 어휘가 떠오른 까닭은 여기가 부친이 학교를 시작한 장소였다는 점과, 그 시점에 내가 태어났다는 사실이 겹치기 때문이다. 향교 입구를 지나 눈앞에 보이는 명륜당 마룻바닥에 잠시 걸터앉아 있노라면 많은 생각들이 머릿속을 스치고 간다. 이곳에서 출발하여 부친이 걸어갔던

3장. 학교의 탄생 – 만송교육재단 설립과 계림중학교 개교　103

기나긴 여정은 단순한 향수가 아닌 어떤 고뇌를 수반한다. 세상을 떠난 부친에 대한 그리움과 함께, 과거라는 유령은 고유 영역에 머물지 않고 매 순간 새로운 의미를 던지며 끊임없이 의식에 파고든다는 사실을 깨닫는다.

예전부터 배움의 전당이었던 명륜당에 앉아 지난날을 되돌아보면 부친의 삶에서 '학교'는 선택이자 숙명이었다. 결과적으로 그 선택은 처음 예상을 뛰어넘은 험로가 되었고, 앞을 가로막는 장애와 시험대는 전방위로 발생했다. 한 생명의 탄생과 성장에는 누구도 예측할 수 없는 일들이 발생하는 법이지만, 학교라는 조직의 탄생과 유지에는 개인의 운명보다 훨씬 복잡하고 힘든 일이 대두된다는 사실을 부친을 통해 목격했다. 언제나 일을 두고 회피하지 않고 직선적으로 처리하는 부친은 단호한 성품으로 때로는 필요 이상의 댓가를 치르기도 했다. 그런 가운데 학교 경영이 단지 교육만을 생각하는 '성업(聖業)'이 아니라는 사실도 깨달았다. 학교도 결국 다른 조직과 다를 바 없고, 오히려 학교이기 때문에 예측할 수 없는 어려움이 발생하기 때문이다.

부친이 키를 잡고 항해하는 학교라는 선박 안에는 실로 여러 부류의 사람들이 동승했다. 학교가 교사와 학생만으로 구성된다는 인식은 허구에 불과하며, 학교를 자산 가치로만 인식하는 사람들이 도처에서 등장했다. 그러한 부류 가운데는 학교와 잠시 인연을 맺었던 인물들도 있었고, 부친과 절대적 관계에 놓여 있던 집안사람들도 있었다. 이들은 그저 설립자 만송 선생과 관계를 들먹이다 학교가 힘든 상황에서 얼굴조차 보기 어렵다가 상황이 호전되면 어김없이 나타나 이런저런 요구를 했다. 만송 선생의 후손으로 이름값을 제대로 하지 못했던 사람들이라면 집안에서 유일하게 조상의 이름과 평판을 유지하는데 평생토록 심혈을 기울였던 부친에게 마땅히 감사해야 되리라.

　부친이 걸어온 긴 여정을 생각하다 나의 학교 여정을 함께 생각해 보았다. 오랫동안 학교를 직접 경영했던 부친과, 한 구성원으로 학교에만 머물렀던 나 사이에 어떤 유대감이 흐르고 있었던 것일까. 어느덧 일흔을 바라보는 나이가 되었지만, 초등학교에 들어간 이후부터 지금까지 나는 학교를 벗어난 적이 없었다. 시간과 장소는 달라도 늘 학교와 관계를 유지해왔던 사실을 생각하면 학교는 내게도 엄연한 현실이자 숙명이었다. 부친과 마찬가지로 내 인생에 일찍부터 학교라는 운명이 점지되었는지 모른다. '가지 않은 길'에 관심을 두지도 발길을 내딛 적도 없었던 내게 학교는 언제나 해방감을 부여해준 생명의 공간이었다. 이러한 느낌은 학교에서만 가능했기에 지금도 학교를 떠나지 못하는 운명이라고 여긴다.

　산 정상에 올라 저 멀리 아래 골짜기를 굽어보듯이 향교에서 출발했던 부친의 여정을 되돌아보면, 자신의 운명에 과감히 도전했던 신화 속 인물들이나 셰익스피어 작품의 주인공들이 떠오른다. 그들이 가진 공통점은 인간으로 갖는 한계를 거부하고 자신의 길을 가로막는 역경과 시련을 인내와 집념으로 맞섰다는 점이다. 그러한 과정에서 때로는 극한상황에 직면하더라도 인간에겐 결코 포기할 수 없는 '인간정신'이 있다는 것을 일깨워주지 않았던가. 학교를 통하여 부친이 걸어왔던 여정이 나를 포함한 주위 사람들에게 남긴 진정한 유산은 여기에 있다. 기원이나 출발의 의미가 아침 햇살처럼 돋아오르는 향교에서 나는 바깥으로 쌓아 올린 건물이나 시설보다, 60여 년간 포기하지 않고 고수해왔던 집념과 꿈의 부피가 훨씬 컸다는 사실을 확인하게 된다. 그러한 집념과 꿈은 세월과 더불어 형태는 변할지언정 의미는 결코 변하지 않을 것이다.

4장

선덕의 이름으로
― 선덕여자중고등학교에 이르기까지

석봉의 흔적을 찾아서

4장. 선덕의 이름으로
— 선덕여자중고등학교에 이르기까지

　19세기 초 미국 작가 헨리 데이빗 소로우(Henry David Thoreau)는 매사추세츠 주, 콩코드에 있는 작은 월든 호숫가에 통나무집을 짓고 모든 것을 자급자족하며 홀로 2년을 지냈다. 그가 자신의 체험을 쓴 글이 바로 『월든』(Walden)이다. 삶의 본질을 발견하기 위한 실험적 삶에서 소로우가 얻은 깨달음은 인간에 잠재된 위엄은 흙과의 일상적 접촉에서 나온다는 것이었다. 이 말을 달리 표현하면, 흙이나 토양과 접촉을 통한 노동은 원초적 행위이자 인간의 본성을 고양시키는 방편이 된다는 뜻이다. 삶을 자신의 의도대로 살거나 본질적 가치에 도달해 보려는 사람이라면 흙을 통한 노동에서 삶이 가르치는 바를 생생하게 배울 수 있을 뿐만 아니라, 죽음에 이르러서도 자신이 헛된 삶을 살지 않았음을 깨닫게 된다. 삶의 본질이든, 인생의 진정한 기쁨과 숭고함의 발견이든, 인간은 노동을 통하여 경건한 마음으로 신의 전당 앞에 설 자격을 얻게 된다.
　계림 향교에서 가까운 곳에 터를 잡고 '선덕이 시대'를 연 부친을 생각할 때 맨 먼저 떠오른 건 소로우와 그가 영위했던 삶이었다. 부친이 살던 시대는 일상에서 노동의 가치가 축소되었지만, 노동으로 표현된 근면의 정신은 극기의 힘을 배양한다. 이 시기부터 부친은 자신에 대한 믿음으로 눈앞에 밀려오는 어려움을 헤쳐나갔다. 부친이 겪은 날들은 일엽편주를 타고 풍랑이 일렁이는 바다로 나가는 어부의 모습을 떠올리게 한다. 계림중학교 시대를 '고요한 여명의 아침'에 비유한다면 선덕의 시대는 '거친 개척의 시대'로 일컬을 수 있을 만큼 역동적 변화의 시간이었다. 30여 년 동안 진행된 이 시기는 한마디로 부친의 학교 여정에서 본론에 해당하며, 무수한 일들 속에 희열과 좌절이 뒤섞인 기간이었다.

새롭게 태어난 학교의 기틀을 다지는 일은 작은 나라를 세우는 일과 흡사했다. 부친은 개교에 버금가는 일들을 거의 혼자서 하는 가운데, 학교의 상징인 교표와 교훈은 물론, 교가(校歌)를 짓는 일까지 도맡았다. 부친이 작사하고 한순덕이 작곡한 선덕의 교가는 이렇다.

교 가

토함산 기슭에 펼쳐진 광야
여기는 신라 천년 옛 서라벌
이곳에 피어난 장한 겨레꽃
그 이름 선덕 영원한 요람

이 강산 옛 터전에 제 빛을 받아
겨레의 높은 얼을 가슴에 새겨
새 세상 밝히는 횃불 되리라
그 이름 선덕 영원한 요람

[교표와 교훈]

　이 시기는 지금까지 자체 건물 없이 학교를 운영해왔던 부친이 오랜 고민을 떨치고 학교 시설을 하나씩 구축해 가는 창조적이고 의욕적인 기간이었다. 집이 없는 서러움을 겪어본 사람이라면 자신의 집을 가진다는 것이 얼마나 절박한 요구가 되는지 누구보다 통렬히 깨닫는다. 따라서 긴 서러움에서 벗어나 직접 나서 학교 건물을 짓는다는 건 부친에게 절체절명의 임무가 될 수밖에 없었다. 선덕의 시대에 부친은 두 가지 과제를 함께 추진했다. 첫째는 오랜 염원이었던 학교 외형을 구축하는 일이었고, 둘째는 그동안 착수하지 못했던 사립학교 체제를 정비하는 일이었다. 이처럼 벅찬 과제를 혼자 힘으로 해 나간다는 건 많은 에너지와 지혜를 요구한다. 겉으로 드러나는 시설만큼이나 중요한 학교 편제를 정비하는 일은 인적 자원이 미비했던 상황에서 실로 어려운 일이었다. 안팎으로 뛰어다니며 부족한 재원을 메꾸며 시설을 확충하는 가운데, 학교 체제를 바꾸는 작업은 힘든 과정의 연속이었지만 부친은 구도자의 자세로 자기에게 맡겨진 소임을 다했다.

초기 선덕의 시대는 모든 것이 뒤섞여 분주히 움직이는 개척 마을 같았다. 1968년 2월, 시내 인왕동으로 이전하여 같은 해 11월 선덕여자중학교(善德女子中學校)로 교명을 변경한 다음, 거의 3년 동안 계림중학교와 선덕여자중학교 학생들이 남녀공학 형태로 한 울타리에서 지냈다. 비단 학교 편제가 달라졌을 뿐만 아니라 황량한 벌판에서 공사를 진행하면서 교실과 공사장이 서로 구분되지도 않을 만큼 혼란스러운 풍경이 연출되었다. 부친은 눈앞에서 진행되는 공사 현장을 잠시도 벗어나지 않고 인부들 틈에서 함께 일했다. 이 무렵부터 부친은 늘 분주했고, 육체적·정신적으로 힘든 시간이었다. 인적 자원과 재원이 갖추어진 오늘날 기준으로 볼 때 부친이 겪었던 고행의 날들은 이해하기 어려울 것이다. 공사 자재부터 장비에 이르기까지 무엇 하나 구비되지 못했고, 모든 공사는 부친의 수완과 임기응변으로 진척되었을 뿐이다.

이 시절 부친은 부족한 학교 재원을 해결하기 위해 개인 사채(私債)에 크게 의존했고, 빚을 갚기 위해 밤잠을 설치는 적이 많았다. 사채를 빌려 교실 한 칸씩을 짓다가 돈이 바닥 나면 공사를 중단하곤 했던 일은 지금 사람들은 이해하기 어려울 것이다. 이러한 과정에서 내 모친의 역할이 컸다. 모친은 가까이 지내던 사람들은 물론, 친정으로부터 틈틈이 돈을 빌려 썼다. 그리고 빌린 돈에 이자를 붙여 꼬박꼬박 갚아 나가는 건 부친의 몫이었다. 부친의 서랍에는 특유의 필체로 날짜별로 빼곡히 적은 사채 관리 대장이 남아 있는데, 이러한 기록은 선덕의 초기 힘겨웠던 시절을 견디어냈던 징표가 된다.

이보다 앞서 부친의 숙원이었던 교지 확보는 많은 고심과 판단

끝에 1968년 2월에 비로소 결실을 보게 되었다. 당시 허허벌판이나 다름없었던 경주시 인왕동 571번지에 터를 정하고, 여러 필지로 나눠진 토지를 소유자들로부터 매입하는 과정은 그야말로 인내와 설득의 연속이었다. 시세보다 턱없이 높은 금액을 요구하는 소유자들의 요구를 들어주기에는 부친이 동원할 수 있는 자금이 항상 부족했기 때문에 조금씩 나누어 토지를 매입할 수밖에 없었다. 학교 터를 정할 때는 문파 최준과 경주 출신 소설가 김동리(金東里)의 친형이었던 한학자 범부(凡夫) 김정설(金鼎卨)이 조언했다. 신라 왕경(王京) 중심에 자리 잡은 이곳은 '주인을 기다리며 하늘이 감추어 둔 명당'이라고 불러도 좋을 만큼 안압지와 반월성, 황룡사와 분황사, 계림과 첨성대를 지척에 두고 경주 명산인 남산(南山)을 눈앞에 볼 수 있는 장소였다.

[초기 학교 공사]

긴 인내를 요구하는 학교 터를 매입하고 난 다음 곧바로 교실 신축에 들어갔다. 부친이 남긴 『나의 자서선기』에는 '교지(校地) 매입 및 교사(校舍) 건축자금 조달 경위'라는 제목으로 다음 내용이 기술되어 있다.

교지 매입 및 교사 건축자금을 조달함에 있어서 재단 설립 당시 부친 만송 선생께서 하사하신 기본 재산 외에 필자 개인 소유 재산인 손곡동 319번지 가옥 및 대지와 손곡 공정골 소재 전답, 임야 등을 매각한 대금 1,484천원, 사채(私債) 1,998천원, 은행빚 746천원, 도합 4,228천원으로 충당하였다. 특히 교사 건축에 있어서 국방부 대민지원용 물자인 목재, 시멘트, 철근 등 많은 자재를 3년간이나 원조받을 수 있어서 큰 도움이 되었다. 나는 이에 대해 천우신조로 알고 항상 깊은 감사를 드린다. 교사 건축을 비롯하여 그간의 모든 일들이 그야말로 간난(艱難)과 신고(辛苦)의 과정이었지만 항상 '지성(至誠)이면 감천(感天)이다,' '하면 된다'는 말을 생활신조로 삼고, 분투 노력한 결과 성취할 수 있었으며, 평생토록 초지일관 학교 발전을 위해 온 정열을 다 바쳐왔다.

지난 일을 담담히 회고하는 듯한 이 글의 이면에는 절박했던 심정과 투혼이 숨어 있다. 학교 터를 확보하는 일은 물론, 교실 신축에 따른 비용을 조달하고 외부로부터 지원받기 위해 부친은 밤낮으로 뛰어다녔다. 이 시절 부친은 좌절과 포기라는 말을 접어둔 채, 오직 자신 설정한 목표만 생각하며 앞으로 나아갔다. 그러한 모습은 후일 나의 삶에도 큰 영향을 끼쳐 어려움에 부딪혀 좌절하거나 힘들 때마다 부친을 떠올리며 스스로를 정비하곤 했다. 한 인물을 기억하는데 여러 경로가 있는 법이지만, 포기를 모르는 집요함과 근면의 화신 같았던 부친의 그때 모습은 내 의식에 깊이 새겨져 있다.

부친의 숙명이자 과제였던 교사 신축은 사립학교에 대한 재정적 지원이 없었던 시절이었기에 어려움이 클 수밖에 없었다. 공사 비용을 줄이기 위해 부친은 작업자들과 일일이 벽돌을 찍고 몸소 자재를 나르며 공사 현장의 위험을 무릅썼다. 『만송 60년사』에 이 당시 기록이 나와 있다.

1968년 5월 9일 교실 신축 허가(허가번호 88호)를 받았다. [부친은] 현대화된 장비 없이 일꾼들과 직접 벽돌을 찍어 한 장 한 장 손수 쌓아서 교실을 만들어나갔고, 공사가 진행되고 있는 중에 1969년 3월 1일 선덕여자중학교 첫 신입생 입학식을 하게 되었다. 1972년 12월 30일 다시 교사 증축 허가(허가번호 489호)를 받아 교사 증축 공사를 하여 늘어나는 학급수와 학생수에 맞추어 나갔다. (『만송 60년사: 1949-2009』. 156쪽)

이렇듯 공사 현장을 누비며 건물을 짓고 시설을 확충하는 작업과 더불어 학교 내실을 다지는 문제는 개인이 감당하기에 벅찬 일이었다. 당시 사립학교로서 기틀이 미비하여 교직원들의 전출입이 잦았으며, 부친을 도와 동고동락할 인물들이 없었다는 점도 부담이었다.

[공사 현장의 부친]

온몸을 극한상황으로 몰아넣던 공사에 돌입하던 시절, 내가 익숙히 목격했던 광경은 부친이 하루를 마치고 귀가하던 무렵이었다. 그 당시 안채 밖 우물 옆에 만든 간이 욕조에 물을 데워 쌓인 피로를 풀던 부친은 예외 없이 욕조에서 잠들곤 했다. 자기 몸을 아끼지 않았던 부친의 육신은 힘든 노동으로 말미암아 상처와 통증이 떠나지 않았다. 굵게 패인 손등과 거칠어진 손가락, 햇볕에 탄 검붉은 얼굴은 공사가 진행되던 내내 보았던 모습인지라 지금도 눈에 선하다. 부친에게 노동은 일상의 신(神)이었고, 그 신전(神殿)에 매일 참배하는 인물은 부친뿐이었다. 먼 훗날 부친에게 깨달은 바는 근면과 성실은 습관에서 나오며, 습관이 일상을 만들어가며, 일상이 축적되어 삶의 성격을 규정한다는 사실이었다. 결과적으로 인왕동 벌판에서 오랜 기간에 걸쳐 이루어진 교사 건립은 부친의 열정과 투혼이 없었더라면 누구도 해내지 못할 역사(役事)가 되었다.

[학교 공사 현장]

선덕의 시대 학교 변천 과정을 요약하면 다음과 같다.

1965년 1월 선덕여자중학교 설립 인가, 1968년 신입생 입학
1974년 1월 선덕여자상업고등학교 설립, 3월 2일 개교
1976년   산업체 근로 청소년을 위한 야간부 산업체 특별 학급 설치
1987년   선덕여자상업고등학교를 선덕여자종합고등학교로 개편
1994년   선덕여자상업고등학교로 다시 변경
1998년   학교장 퇴임

1981년   국민훈장 목련장 수훈 (산업체 특별 학급 운영)
1998년   국민훈장 동백장 수훈 (50여 년간 국민교육에 헌신)

연대기적으로 볼 때 부친에게 학교 여정의 출발점이 된 계림중학교 시대는 1952년에 시작되어 1971년 1월, 20회 졸업식을 마지막으로 저물었다. 유서 깊은 계림에서 개교했을 때 학교 명칭을 계림중학교로 정한 건 자연스러웠지만, 신라 시대 여왕의 이름이었던 '선덕(善德)'에서 교명을 정한 이유는 그 당시 경상북도 교육감이었던 김판영(金判永)의 제안이었다. 그러다 1969년 문교부의 중학교 평준화 시책에 따라 신입생들이 일률적으로 배정됨에 따라 학교는 새로운 도약을 준비하게 되었다. 이 무렵 선덕여자중학교는 시설을 제대로 갖추지 못한 신생 학교나 다름없는 형편이라 적지 않은 학부모들이 부친에게 항의를 쏟아내기도 했다. 하지만 이 정도 시련은 학교를 시작했을 때부터 예상했던 터라 그대로 받아넘겼다.

1971년 3월 1일 학교 운동장에서 열린 선덕여자중학교 첫 해 입

학식에서 부친은 다음과 같이 말했다.

입학식 훈화

교육의 대혁명이라고 할 수 있었던 중학교 무시험진학제도가 전국적으로 시행됨에 따라서 본교에 배정 입학하게 된 여러분의 오늘 입학을 진심으로 축하합니다. 여러분은 좋은 부모님 은혜로 초등학교를 졸업하고 다시 더 큰 희망을 안고 중학교에 입학하게 되었으니 그 얼마나 다행한 일이 아니겠습니까. 초등학교에서 같이 배우고 뛰놀던 학우들 중에는 가정형편으로 중학교에 진학하지 못한 사람들도 많이 있을 것입니다. 그런 학우들을 생각할 때 여러분은 참으로 복이 많은 사람이라 하겠습니다. 여러분은 오늘의 이 행복함을 깊이 명심하고 열심히 공부해서 온 겨레와 나라가 기대하는 훌륭한 사람이 되어서 부모님의 높고 큰 은혜에 꼭 보답하는 사람이 되어야 하겠습니다.

초등학교 아동을 입학시험 지옥으로부터 해방시킨 중학교 무시험 진학에 대비하여 문교부에서는 학교의 시설과 교육 내용을 일정한 기준에 도달하도록 하여 학교의 차이를 없앰으로써 아동으로 하여금 균등한 환경 속에서 교육을 받도록 하고 학부모님도 안심하고 배정된 학교에 귀여운 자녀를 진학시킬 수 있도록 소위 학교평준화 기준을 제정하여 이를 시행하였습니다. 본교는 이러한 정부 시책에 순응해서 작년 일 년 동안 많은 인력과 재력을 들여서 이 평준화 작업을 수행한 결과 평준화 기준의 98퍼센트를 달성하게 되어 도내에서도 우수한 평가를 받게 되었습니다. 본교는 이 평준화 작업을 금년에도 계속 적극 추진해서 학생으로 하여금 '즐거운 학교'가 되게 하고, 학부모님으로부터는 '신뢰를 받는 학교'가 되도록 더욱 노력하겠습니다.

흔히들 학교가 '좋다, 나쁘다'는 말을 많이 하게 됩니다만 결코 학교 자체가 좋고 나쁜 것이 아닙니다. 그 학교 안에서 공부하는 학생 한 사람, 한 사람이 다 '좋은 학생'이라면 그 학교는 좋은 학교라 하겠고, 그렇지 못한 학교는 나쁜 학교라 하겠습니다. 그러므로 오늘 본교에 입학한 여러분은 한 사람, 한 사람이 다 성실한 사람이 되어서 여러분이 다니는 이 학교가 '좋은 학교'가 되도록 해야 하겠습니다.

본교가 자리 잡고 있는 이곳은 옛 신라 서울 수도에서도 가장 번영했던 곳으로 보시는 바와 같이 반월성, 첨성대, 임해전, 황룡사, 분황사 등 우리 조상의 빛난 유적을 조석으로 되새길 수가 있어 우리가 '민족중흥을 위한 새 역사를 창조하는' 데 가장 좋은 터전이라고 하겠습니다. 본교의 교훈은 '성실한 사람을 기르자'입니다. 인간생활에 있어서 모든 행동의 기반이 되는 것이 이 성실입니다. 그러므로 교육의 지표를 밝힌 우리의 국민교육헌장에도 성실한 마음을 첫머리에다 명시하고 있습니다. 성실이란 한마디로 참이요 거짓이 없음을 말합니다. 자신을 속이지 않는 동시에 남을 속이지 않는 것이 성실입니다. 성실한 마음에서 정직과 신의와 충성의 미덕이 이루어지고, 그 반대로 성실한 마음이 부족할 때 거짓과 불의와 부정이 싹트게 됩니다. 성실한 마음을 바탕으로 하지 않고서는 아무리 좋은 학문과 기술을 가졌다 할지라도 백해무익이 됩니다. 사람은 누구나 다 성실한 마음을 갈고 닦아나갈 때 비로소 올바른 길로 건전하게 살아갈 수 있습니다. 여러분은 본교에서 3년간 재학하는 동안 성실에 대해서 몸소 경험하고 체득하게 되겠습니다.

다음으로 금년부터 무시험 추첨으로 입학한 여러분을 '어떻게 잘 가르쳐 갈 것인가'하는 가장 중대하고 어려운 일이 본교의 금후 교육활동의 핵심이 되고 노력의 중심이 될 것입니다. 추첨을 마친 후 초등학교 교장 선생님과 담임선생님 기타 여러 인사로부터 추첨 결과 많은 우수한 학생들이 선덕여중에 가게 됐다는 말씀을 듣고 이 사람은 대단히 기뻐하면서 매우 육중한 짐을 진 것과 같은 책임감을 느끼게 되었습니다. 다행히 우수한 학생이 많이 모였으니 이들을 자랑삼아 이 사람이 지금까지 생활 경험을 통하여 얻은 '하면 된다'는 굳은 신념 아래 우리 교직원 전원이 힘을 모아 성의를 다해서 다른 학교와 선의의 경쟁을 해서라도 학생 개개인의 실력을 향상시켜 좋은 교육효과를 거두도록 있는 힘을 다할 것을 이 자리에서 굳게 다짐합니다.

이러한 중대하고 어려운 일을 수행함에 있어서 우리 교직원 전원이 비상한 각오로써 노력해야 할 것은 물론, 학생 한 사람, 한 사람이 모두 성실하고 열심히 공부하여 학교 방침에 순응하고 협력해야겠으며 학부모님의 절대적인 지도편달과 협찬을 아끼지 말아 주시기를 간절히 바라마지 않습니다. 끝으로 오늘 공적으로 사적으로 대단히 바쁘심에도 불구하고 이같이 많이 임석해주셨어 이 자리를 빛내주신 학부모님께 깊이 감사를 드리고 입학생 여러분의 앞날에 더욱 많은 축복이 있기를 빌면서 이상으로 입학식 인사를 갈음합니다.

학부모님, 대단히 감사합니다.

문교부의 평준화 시책은 학칙을 개정하여 선덕여자중학교로 바꾼 부친에게 기회가 되었다. 여기에 부친이 앞장서 온 학교가 힘을 쏟아 신입생들을 지도한 결과 시내 다른 중학교보다 월등히 성적이 뛰어나, 평준화 이후 처음 시행된 고등학교 입시에서 본교 학생들이 수석 입학은 물론 상위권을 휩쓸어 학교 평판이 크게 높아졌다. 이후 계속 진학 성적이 우수하여 학교 명성이 확립되자 부친은 안도했다. 선덕여자중학교가 자리를 잡게 되자 부친은 1974년 선덕여자상업고등학교(善德女子商業高等學校)를 신설하여 사립학교 체제를 굳히며 외연을 확장하는 데 힘을 기울였다. 선덕여자상업고등학교는 한때 학생 숫자가 1,170명에 이르러 실업계 학교로서 경북 도내 명문교로 자리 잡았다. 그러다 교육 흐름이 인문계 선호로 바뀌어 감에 따라 상업과 및 보통과를 설치한 선덕여자종합고등학교(善德女子綜合高等學校)로 변경했다가 나중에 선덕여자상업고등학교로 환원했다.

[학교 명패와 교표]

부친이 '선덕의 교장'으로 재직 당시 크게 기뻐했던 몇 가지 일들이 있었다. 첫째는 학교 공사의 시초가 되었던 본관 건물의 완공이었다. 지금의 석봉관인 본관은 그야말로 부친의 노고와 애환이 깊이 서린 건물이다. 궁핍하기 그지없었던 학교 살림에서 겨우 재원을 모아 교실 몇 칸을 짓고 나면 보릿고개처럼 돈이 떨어져 한참 시간을 보내다 그 다음 공사를 시작하는 기간이 끝없이 이어졌다. 이런 가운데 본관 공사가 진행 중인 1970년 4월 서울에서 와우아파트 붕괴 사고가 발생하여 온 나라가 충격에 휩싸이자 부친은 공사에 들어가는 철근 양을 두 배로 늘려 안전한 건물이 되도록 애를 썼다. 당시 삼층 건물이었던 본관의 완성은 부친에게 오랜 기간의 인고 끝에 비로소 자신이 세운 건물을 가졌다는 안도감과 자부심을 안겨주었다. 부친은 이 건물의 이층에 집무실을 두고 눈앞에 있는 남산을 매일 바라보며 학교 발전에 대한 여러 가지 구상을 했다.

본관 건물의 완공 다음으로 부친이 크게 기뻐했던 건 학교 강당을 준공하던 때였다. 본관의 완공 이후 학교의 숙원이었던 강당은 학교 시설의 근간으로, 인근 학교와 비교하여 제대로 된 강당이 없다는 건 학교의 대외적 위상에도 영향을 미치는 일이었다. 부족했던 학교 재원을 무릅쓰고 강당을 설계하고 공사를 진행하는 가운데 부친은 변함없이 작업자들을 독려하고 지휘하며 매일 공사 현장에서 시간을 보냈다. 이러한 노력 끝에 마침내 강당이 완공되어 1988년 5월 6일 개관 축하식을 열게 되었다. 평소 침착했던 모습과 달리 부친은 흥에 겨워 학교 강당을 가졌다는 기쁨을 표출했다. 『만송 60년사』에는 강당 건립에 이르는 과정이 이렇게 나타나 있다.

> 강당 건립에 필요한 재정적 문제는 국가의 보조 없이 전액 재단과 학교에서 조금씩 적립해 놓은 비용으로 충당했지만, 허가 문제는 까다로운 경주시 건축법과 문화재청 규제법 때문에 이루 말로 표현하지 못할 고충을 겪어야만 했다. 거기다가 모든 문제를 해결하고 강당 건립을 위한 공사를 시작하자 언론기관에서 문화재 보존과 관련하여 문제를 제기하는 바람에 또 한 차례 어려움을 겪기도 했다....그런 차원에서 강당 건립은 본 교육재단의 숙원사업이었기에 강당 준공식 행사를 개교기념일을 기하여 외부 손님을 모신 가운데 성대하게 치렀다. (『만송 60년사: 1949-2009』. 201쪽)

이 강당은 오랫동안 학교의 중추 시설로 사용되다가 이강해 교장 재임 당시 국비 지원을 받아 다목적 강당으로 새롭게 단장하여 학생들의 급식소와 강당을 겸하게 되었다. 2013년 3월 학교 기숙사인 우정학사 준공에 이어 11월에 개관한 이 강당은 만송 선생의 호를 따 '만송관'으로 이름 짓게 되었다. 그 해 12월 부친이 세상을 떠나기 전까지 이 모든 과정을 지켜보았음은 실로 다행이 아닐 수 없었다.

이 밖에도 학교장 재임 중 부친이 기뻐했던 일은 학교 정원에 만송 선생 사적비를 세우던 때였다. 이 사적비는 이름난 문인이었던 노산(鷺山) 이은상(李殷相)이 글을 써 만송 선생의 공적과 부친의 헌신을 강조하여 학교 역사의 귀중한 증거가 되었다. 부친은 노산 선생의 글을 읊조리며 학교에 대한 자부심을 드러내곤 했다.

만송 최찬해 선생 사적비

만송 최찬해 선생은 대문호 최치원 선생의 후예로서 고종 二一년 갑신 서기 一八八四년 윤五월 六일 경주 손곡동에서 태어나 어려서부터 천성이 강직하고 충효의 학문과 교훈으로써 이상을 삼았다. 四十一세에 서악서원 유사가 되고 문창후 고운 최치원 선생의 문집 중에서 경학대장을 간행했으며 四十五세 때에는 六대조 자희옹 최치덕 선생의 문집을 발간하여 선생의 학문과 덕행을 추앙했었다. 해방 후 민족교육에 뜻을 세워 六十六세에 학교법인 만송교육재단으로 경주예술학교를 창립하고 다시 이어 선덕여자중학교와 선덕여자상업고등학교를 차례로 설립하여 인재를 양성함으로써 사회에 큰 업적을 남기고 서기 一九六十년 경자 三월 二十八일에 세상을 여의니 향년 七十七세였다. 선생은 평생을 의롭게 살았고 부인은 파평윤씨요 五남三녀 중에 四남 영조 씨가 어버이의 뜻을 이어 교육계에 헌신하고 있음을 보거니와 어진이의 집안은 흥할 것이요 또 그의 사업은 길이 빛날 것이다.

一九七六년 九월 十七일
문학박사 노산 이은상 글

[만송 선생 사적비]

　선덕여자상업고등학교 시절, 산업체 근로 청소년을 위하여 설치한 야간부 특별 학급은 부친의 결단으로 실행에 옮긴 사업이었다. 교육부로부터 요청을 받았던 야간부 특별 학급 운영은 당시 학교 형편으로 보면 과중한 부담이었다. 그러나 부친은 순수한 뜻으로 이러한 요청을 과감히 수락하여 정규 교육의 기회를 놓친 학생들을 위하여 학교의 문을 열었다. 산업체 특별학급 운영과 관련하여 『만송 60년사』에 다음 내용이 기술되어 있다.

　　산업체 특별학급은 과거 어려웠던 경제 여건 속에서 의무교육조차 제대로 받기 힘들었던 시기에 낮에는 산업현장에서 열심히 일하고 밤에는 어렵게 공부하는 전형적인 주경야독 교육이었다. 구성 학생들은 대체로 나이가 일반 학생들보다 많았으며, 심지어는 삼십 중반의 학생들도 있었으나 만학도로서 학업에 대한 열정과 향학열은 일반학생들보다 뛰어났다. 엘리트, 수월성 교육과는 별도로 아직도 국가 공교육의 혜택을 제대로 누리지 못하고 있는 일부 소외 계층을 상대로 평생교육을 추구하는 차원에서 새로운 형태의 국민 개교육(皆敎育) 실현에 큰 기여를 하였다. (『만송 60년사: 1949-2009』. 188쪽)

1978년부터 1988년까지 10년간 지속된 산업체 청소년을 위한 학급 운영은 별다른 지원이 따르지 않을뿐더러, 명목상의 수업이 아닌 실질적인 성과가 요구되는 일이었다. 정규 수업이 끝나고 나서 부친은 야간에 시작되는 수업을 처음부터 끝까지 교실 뒤에 앉아 참관했다. 당시 계속되던 학교 공사로 육체적 피로가 쌓여갔음에도 불구하고 부친은 배움의 기회를 놓친 산업체 청소년들에게 수업의 충실도를 높이기 위해 현장에서 교사들을 독려했던 것이다. 학교에서 운영했던 이 교육과정은 당국으로부터 높은 평가를 받아 부친은 1981년 정부로부터 국민훈장 목련장을 수훈했다.

사립학교 경영자로서 활짝 꽃을 피웠던 선덕의 시대에 부친이 일으킨 변화 가운데 돋보인 건 학교 정원이었다. 오늘날 선덕의 표상이 된 학교 정원은 특정 시기가 아닌 오랜 기간에 걸친 노력의 결과였다. 학교 터를 정한 이후, 교목(校木)이 되어 교정을 굳게 지켜왔던 기품 있는 소나무들은 부친이 각별한 정성으로 관리해 온 소중한 자산이 되었다. 부친은 학교 요소요소에 어울리는 수목을 배치할 뿐만 아니라, 정원에 어울리는 석재를 구하러 먼 곳까지 찾아다녔다. 아울러 조경에 대한 지식과 감식안을 키우기 위해 관련 서적을 입수하는 한편, 틈만 나면 정원 문화의 선진국인 일본을 방문하여 학교에 맞는 정원 모델을 설정하려고 했다.

[학교 정원의 부친]

정원을 만들며 꽃과 나무를 심고 가꾼다는 건 무엇보다 세심한 정성과 손길이 필요하다. 묘목이 자라나 한 그루의 나무가 되기까지 사람의 일생에 버금갈 만한 시간이 필요할 뿐만 아니라, 오랜 기간 인내와 사랑 없이는 불가능하다. 부친이 선덕 동산에서 가꾼 다채로운 수목들은 일상에서 아름다움을 찾는 생활 태도를 반영하며, 이것은 학교에서 하루를 보내는 사람들에게 큰 기쁨을 주었다. 정원에 대한 부친의 애착과 관심은 유학 시절에서 비롯되지 않았을까 짐작하지만, 정원 조성과 관리는 부지런하고 세심한 성품이었던 부친에게 더없이 잘 맞았다. 부친이 정성 들여 가꾼 정원은 선덕학원을 거쳐 간 학생들과 교직원들은 물론, 학교를 방문하는 사람들에 이르기까지 큰 감동을 주었다.

[선덕 교목]

　　부친이 남다른 안목으로 시도했던 일 가운데는 문화재급에 해당하는 유물을 수집하여 학교에 보존하는 작업이었다. 문화재에 대한 인식이 없었던 1950년대부터 부친은 경주 일대를 돌아다니며 소장할 만한 가치가 있는 유물들을 발견하게 되면 리어카에 실어다 학교로 가져왔다. 이처럼 오랜 기간에 걸쳐 수집한 유물들은 지금은 무엇과도 바꿀 수 없는 귀중한 학교 자산이 되었다. 부친이 모은 유물 가운데는 본관 입구에 놓여 있는 연화석(蓮花石), 교내 정원 군데군데 있는 석탑들, 그리고 최근 복원된 교동 월정교(月精橋) 옛터에서 가져온 석재(石材)로 만든 연못 돌다리 등이 있으며, 이러한 유물들은 고적지 가운데 위치한 학교 품격을 한층 높여주고 있다. 황량한 들판에 버려진 채 사람들의 관심을 받지 못했던 유물들을 일찍부터 눈여겨보며 잠재적 가치에 주목했던 부친의 뛰어난 안목은 학교에 소중한 문화유산을 남기게 되었다. 부친의 노력은 1973년 9월, '우리 얼 터 조성공사'라는 제목으로 적은 공사 노트에 나타나고 있다.

> 9/17 교내 정원에 두었던 주춧돌을 중학교 교사 앞 중간 교정 한곳에 모아 옛터 조성을 계획함. 주춧돌 이동작업을 위해 불도저 1대, 단독 트럭 1대, 인부 40명이 작업함
> 9/18 인부 4명, 주춧돌 배치 작업
> 9/19 마사토 1트럭, 잔디 80평(1尺x1尺), 마사토 바꾸기, 잔디 심기, 인부 5명
> 9/22 잔디 심기, 인부 3명
> 9/27 소나무 14그루, 회양목 32그루, 나무 이식, 인부 4명
> 9/29 나무 이식, 인부 4명

부친이 남긴 노트에는 이 밖에도 주요 작업 일정이 날짜별로 적혀 있었다. 이러한 기록은 모든 것을 찬찬히 정리하는 부친의 습관에 따라 '석적부(石籍簿)'라는 이름의 사진첩에 나와 있거나, 교내 나무들을 대상으로 만든 '수목대장(樹木臺帳)'이란 장부에 일목요연하게 나와 있다.

[월정교와 부친이 쓴 안내문]

선덕의 시대에 부친은 일상 업무에 더없이 충실했다. 부친은 '생활의 달인'으로 불러도 좋을 만큼 매일 정해진 일정에 따라 움직였다. 선덕여자상업고등학교 교장으로 재임 중이던 1995년 4월의 탁상 캘린더에 적힌 다음 일정은 이 시절 부친의 일상을 짐작하게 만든다.

4/6   한식(성묘)
4/10 손승목 식사 (12:30)
4/12 치과
4/13 이발, 봄소풍
4/14 석굴암 참배, 교장 연수회
4/20 교장 회의

> 4/21 장학지도, 어머니회 회식
> 4/25 동창회
> 4/27 입재(入齋)
> 4/29 집 수리 공사

사립학교를 운영하며 법인 업무를 병행했던 부친은 법인의 자산 관리에 힘을 쏟았다. 만송 선생이 작고한 이후 학교 관리를 혼자 떠맡게 된 부친은 선덕의 시대가 도래한 이후 학교를 병설하거나 학급을 확대할 때 늘 법인의 기본 재산을 충족시켜야 하는 어려움에 직면했다. 이것은 학교 고유 업무에도 정신을 차릴 수 없을 만큼 분주했던 부친에게 큰 부담이 될 수밖에 없었다. 부친이 기록한 '만송교육재단 수익용 기본 재산 조성 과정'에는 이러한 고민이 드러나고 있다.

> 만송 선생께서 만송교육재단 설립을 위하여 희사하신 재산은 토지로서 전답(田畓) 33,765평, 과수원 1,878평, 산림 52정보(町步)이다. 그중 농지는 농지개혁법에 의하여 경작자에게 토지가 분배되었다. 보상금 명목으로 정부로부터 지가증권(地價證券)을 받기는 하였으나 제대로 된 보상도 되지 못하였을 뿐만 아니라, 그것마저도 5년간 분할 지급 받게 되어 별 도움이 되지 못하고 끝내 유야무야 되고 말았다.
> 그래서 기존 계림중학교에서 선덕여자중학교로 학칙 변경 시에는 재단 수익용 기본 재산이 설치 기준에 미달하여 경주시 평동 xxx 소유 재산인 평동 2,226평을 명의신탁으로 빌려 재산 수익용 기본 재산에 증자하여 학칙을 변경하였다.
> 그 후 선덕여자상업고등학교를 병설하기 위하여 경주시 안강읍 갑산리 소재 과수원 토지를 일부 기채(起債)한 후 매입하여 재단 기본 재산 중 수익재산에 증자하여 고등학교를 설립하게 되었다. 다시 학

급 증설을 위하여 경주시 보문동 xxx 소유 답(畓)을 명의만 빌려 재단 수익용 기본 재산에 증자하고 고등학교 학급을 증설하였다. 이상의 타인 소유 명의만 빌린 재산은 그후 소유권을 완전히 반환하였다.

이러한 노력으로 학교 신설에 요구되는 재산 등록을 마치게 되었지만, 학교가 정상 궤도에 진입할 때까지 어느 것 하나 제대로 갖추지 못하고 모든 것이 부친의 지혜로 해결되었던 과거가 새삼 떠오른다. 늘어가는 학급과 학교 신설에 따른 법인 재산 보강 외에도, 부친은 만송 선생의 아들로 유일하게 고향에 남아 있었기 때문에 선생의 유택(幽宅)과 손곡정사 등을 관리해야 될 임무를 가졌다. 부친이 집안을 위해 얼마나 힘을 기울였는지 다음 기록에 자세히 나와 있다.

1. 재단수익재산 보강한 것

   1968. 9. 19   교동 73번지 田 524평
                 교동 74번지 田 457평
                 교동 78번지 田 126평
                        計 1,107평   *농지개혁 분배 농지
   1975. 7. 17   물천 산 14번지 林 3町8畝   450,000
   1977. 3. 7   물천 산 114번지 및 118번지
                 (xx 매도 xxx 소송 환매)   3,000,000
                 갑산 과수원 매입 5,002평   6,800,000
                 평동 과수원 매입 2,526평   7,300,000
                 학교 기숙사 매입   16,350,000
                 동산 과수원 재산 대체금   10,090,000

2. 위선사(爲先事)

만송정 묘비석	830,000
비문	300,000
만송정 번와(燔瓦) 공사비 (1차)	3,537,000
만송정 번와 공사비 (2차)	2,830,000
손곡 큰집 번와 공사 (본채)	4,305,000
만송정 주변 정리	1,128,000

計 59,620,500원 (분배 농지 제외)

　　학교 업무와 집안 관리에 분주했던 부친에게 유일한 휴식은 혼자 떠나던 외국 여행이었다. 일찍부터 낯선 문물에 호기심이 많았던 부친은 여행에서 일상의 부담을 벗어나 새로운 아이디어를 찾았다. 해외여행이 자유로워진 오늘날과 달리 외국으로 가는 일이 힘들었던 시절에도 부친은 자주 여행했던 편이었다. 부친이 많이 찾았던 곳은 일본이었고, 학교와 자매결연을 맺었던 나라 시(奈良市) 시라후지(白藤) 고등학교와 상호 교류가 많았다. 1985년 12월, 자매결연 10주년을 맞이하여 시라후지 고등학교에서 학교장 일행이 경주를 방문하여 기념식을 열고 교정에 등나무와 그늘막을 기증했다. 부친은 매년 이 학교를 방문했을 뿐만 아니라 100주년 기념식에 참석하여 직접 축사를 했다. 일본 여행은 부친에게 평소 관심이 많았던 정원 문화를 살피는 기회가 되었다.

[시라후지 고교 경주 방문]

일본 이외에 부친이 자주 찾았던 여행지는 하와이였다. 하와이는 일본인들이 많이 거주하여 언어 불편 없이 지낼 수 있었으므로 부친은 학교 업무에서 휴식이 필요할 때면 이곳을 찾았다. 나는 하와이에서 부친이 쓴 글을 서류철에서 발견했다.

호놀룰루 와이키키에서

아무도 날 찾는 이도 날 기다리는 사람도 없는
태평양에 외로이 떠 있는 하와이 섬에
나는 그 누구를 찾아온 것도 아니고
무엇을 하려고 온 것도 아닌 데도
왜 이렇게 즐겨 찾아오는지.
인정도 좋지만 이곳 자연이 더욱 좋아서
지난해도 금년에도 찾아왔고 또 찾아올 것이다.

이국땅 머나먼 이곳 하와이 호놀룰루에서
나는 무작정 다 잊어버리고
아무것도 구애받지 않고
얽매이지도 않고, 내 마음 내키는 대로
먹고 싶으면 먹고, 자고 싶으면 자고
어디든 가보고 싶은 곳이 있으면 훌쩍 가보고
이렇게 즐겁게 지내고 싶어
이곳에 찾아왔고, 또 찾아올 것이다.

1996년 1월 12일
호놀룰루 와이키키에서
石 峯

겨울철, 따뜻한 날씨를 찾아간 하와이에서 쓴 이 글은 멀리 떨어진 곳에서 평온한 휴식을 취하고 있는 부친의 모습을 떠올리게 한다. 하지만 이 글의 이면에는 겉으로 드러내지 못했던 부친의 고민이 숨어 있다. 그동안 학교 경영의 짐을 혼자 짊어졌던 부친에게 학교를 운영하는 데서 오는 어려움 못지않게, 내부에 숨어 있던 문제가 점차 갈등 양상으로 변모했기 때문이다. 부친이 겪던 갈등이란 다름 아닌 학교 운영에 대한 집안사람들의 참여 요구를 말한다. 기업과 다른 사립학교에서 지분이나 경영 참여를 요구한다는 건 통념적으로 받아들일 수 없는 요구가 되지만, 부친 주변에 이러한 사람들이 존재한다는 건 부담이 아닐 수 없었다.

개인의 일생과 마찬가지로 학교라는 조직에도 굴곡이 있기 마련이다. 그런 굴곡이 힘든 이유는 겉으로 드러난 사실보다 쉽게 말할 수 없는 사연들이 숨어 있기 때문이다. 지난 일을 떠올리며 글을 쓰는 데 고통이 따른다는 건 어쩔 수 없다. 그러나 한 인물의 삶의 궤적을 서술하는 데 결코 회피할 수 없는 부분을 남겨 두고, 마치 그런 일이 없었다는 시늉을 할 수 없는 노릇이다. 이것을 새삼 밝히는 이유는 부친이 오랫동안 몸 바쳐 왔던 선덕학원을 떠날 무렵 상황 때문이다. 부친이 학교장으로 퇴임했던 시기는 1998년이었다. 부친은 일찍부터 무거운 직무를 벗어나려 했지만 '내부 문제'로 쉽게 물러날 수 없었다. 그 문제란 집안 갈등을 말한다. 이 점은 민감한 문제가 되므로 언급하기에는 부담이 되지만, 그렇다고 이것을 빠트리게 되면 긍정적이든 부정적이든 부친의 삶에서 지울 수 없는 사실을 은폐하는 결과가 된다. 부친에 대한 글을 쓰는 과정에서 내 기억과 생각이 편향될 수 있다는 위험을 무릅쓰고 당시 상황을 담담히 서술해보려고 한다.

오래전 고인이 된 집안 어른 한 분은 기질적으로나 살아가는 방식에서 부친과 대조적이었다. 부친이 숱한 어려움을 겪으며 경주에서 홀로 사립학교를 경영하는 동안, 이 어른은 고향을 떠나 객지에서 생활하다 뒤늦게 낙향한 이후로 부친과 갈등이 시작되었다. 어느 때 학교에 틈이 발생하는 순간, 이 어른이 학교에 들어와 간섭하면서 그동안 부친 단독으로 운영했던 학교가 마치 정치권의 이원집정제(二元執政制)처럼 되어버렸다. 이처럼 비정상적인 운영 방식을 수용한 데는 무엇보다 오랫동안 가부장 질서 속에 살아왔던 부친의 사고가 작용한 탓이다. 다시 말해, 직계 혈육이라는 존재는 장유유서(長幼有序)의 유교 사상을 신봉하는 부친에게 관습법이나 마찬가지였다.

그러나 학교라는 공적 조직에 대조적 기질을 가진 인물이 들어오고 나서부터 부친에겐 별로 편한 날이 없었다. 부친은 학교를 운영하면서 발생하는 크고 작은 문제를 해결해야 하는 동시에, 혈육 사이의 암묵적 갈등이라는 풀기 힘든 숙제에 직면했다. 나는 이 과정에서 외부 사람들이 알지 못하는 갈등을 부친이 얼마나 많이 겪게 되었는지 목격했다. 여기서 세세히 거론하기에는 고인과 집안에 대한 누가 되므로 계속 쓸 수는 없다. 그러나 부친이 고령이라는 부담에도 불구하고 학교장 직을 내려놓을 수 없었던 이유는, 학교에서 빈자리가 법적으로 자신이 평생 이룩해 놓았던 경영권의 상실로 귀결된다는 점을 직시했기 때문이다. 그리하여 부친의 퇴임을 전후하여 학교는 한동안 혼란의 늪으로 빠져들었다. 이 과정에서 학교 경영에 파고들 기회를 포착하려는 사람들의 계산과 탐욕이 난무했지만, 부친은 관망으로 대응했다. 이것은 갓난아이를 사이에 두고 양쪽에서 끌어당기며 어느 쪽이 진짜 어머니인지 판가름하는 우화가 말해주듯, 진정으로 학교를 사랑하는 사람이면 상식을 넘은 주장과 욕심을 드러내지 않는다는 교훈을 일깨워준 사태가 되었다.

[선덕여자중고등학교 행사]

상황이 급류처럼 흐르고 난 다음, 1998년 2월 16일 부친은 학교에서 퇴임했다. 1952년 계림중학교 교장으로 학교 경영을 시작한 지 46년이 지난 시점이었다. 퇴임 당시 어수선했던 사정으로 말미암아 사립학교 경영자로서 부친의 퇴임이 갖는 의미가 제대로 부각되지 못한 건 아쉬운 여운을 남겼다. 반세기에 가까운 기간, 부친은 그야말로 악전고투하며 사립학교를 만들고 다듬으며 기반을 다졌다. 부친이 학교를 운영하는 동안 거쳐 간 사람들이 어떤 생각을 가졌든 절대로 부인하지 못할 사실은, 긴 세월 동안 온갖 풍상을 겪으며 학교를 지켜온 인물이 부친이었다는 점이다. 그들의 뇌리에 각인된 건 좋은 날이든 궂은날이든 부친은 항상 장비를 들고 학교 어디서나 일을 했다는 사실이었다. 이것은 지금까지 내가 만난 사람들의 한결같은 회고담이다. 한 개인이 세상에 남긴 흔적 가운데 세월이 흘러도 지워지지 않는 부분은 자기 삶에서 과연 성실을 증명했느냐에 있다. 이것은 몸을 아끼지 않고 자신이 속한 조직과 공동체에 깊이 헌신함으로써 입증될 뿐이다.

2009년 9월 25일
고 박해열님의 아들, 딸 드림

※ 아버지의 유품을 정리하다가 직접 지어놓으신 시가 있어 함께 실어 올립니다.

종치는 선생님

배움이 숨쉬는 요람
선덕여중고
늙으신 어른 한분 매일 오신다

사계절 바뀐지 어언 60년
곱디고운 그얼굴
백발이 되셨네

2층 창넘어 금오산 바라보며
수업 시작되는 차임벨소리 맞춰
향교시설 빛바랜 종을 치신다

거목같은 마음속에
학교제자 생각하시는지
선생님은 오늘도 종을 치신다.

※ 아마 아흔 되신 이사장 할아버지를 보며 지으신 글 같습니다.

부친의 때늦은 퇴임은 아쉬움을 남겼지만, 그렇다고 부친이 평생 이룩한 업적이 바랜 건 아니었다. 돌이켜 보면 초창기 계림중학교 시절부터 선덕의 시대에 이르기까지 고군분투하며 학교를 지켜온 인물은 그 누구도 아닌 부친이었다. 부친이 정성껏 차린 밥상에 그저 수저만 얹고 남들에게 생색을 내던 사람들은 열거할 수 없을 만큼 많았다. 잠시라도 학교에 발을 내디뎠던 사람들은 대수롭지 않은 공적을 자랑삼아 드러내든가 적극적으로 홍보하기에 바빴다. 허세와 가식은 물론, 자만심에 부풀었던 사람들은, '내가 무슨 일을 했노'라고 한껏 업적을 뽐냈다. 학교 발전의 공이 자기라고 주창했던 인물들은 토양을 가꾸고, 씨를 뿌리며, 열매를 맺도록 했던 인물이 누구였는지 되돌아보고 자중했으면 좋으련만 그렇지 못했다. 이런 점에서 겸손이란 덕목이 중요한 법이며, 성숙한 인물과 미숙한 인물은 바로 여기서 구별되는 것이다. 인고(忍苦)의 세월을 거치며 학교를 위해 모든 희생을 감내했던 부친은 자신이 한 일들을 함부로 내세우지 않았다.

부친은 학교장 직을 물러난 후에도 줄곧 학교 정원과 나무를 돌보는 데 힘을 쏟았고, 그런 모습은 내가 살아가는 방식에 영향을 끼쳤다. 나는 적지 않은 사람들이 과도한 나르시시즘에 빠져 본능적으로 자신을 보호하는데 익숙한 나머지 노동의 가치와 의미를 회피하는 것을 목격했다. 소로우가 말했듯이, 진정한 삶의 가르침을 배울 기회인 노동의 습관을 일상에서 실천한다는 건 힘든 과제일지 모른다. 나는 부친이 집에서든, 학교에서든 매일 행동으로 실천한 노동의 의미를 깨닫기 위해 오래 전, 내가 소유한 땅에 월든 호숫가에서 실제 보았던 대로 작은 집을 마련했다. 그리고 간난한 장비를 들고 나뭇가지를 치고 숲을 거닐며 어디에서도 맛볼 수 없는 삶의 기쁨을 누렸다. 바쁜 일상에서 노동의 소중함을 알고 실천한다는 것이야말로 부친이 남겨준 소중한 유산이었다.

　선덕의 시대를 마무리하며 학교 경영자로서 부친은 어떤 특징을 가졌을까 생각해본다. 함께 일했던 사람들에게 부친은 상반된 인상을 남겼을 것이다. 강한 카리스마와 업무에 대한 엄격하고 단호한 태도는 교직원들에게 긴장감을 불러일으켰을지 모른다. 업무를 떠난 영역에서 다른 인상을 주었겠지만, 부친은 자신이 살던 시대와 맞지 않을 만큼 옛날 기풍을 지녔다. 학교라는 공적 조직과 제도 속에 평생을 지낸 부친은 다른 사람들에게 보인 모습과 달리 로맨티스트적인 성향을 가졌다. 그리고 남들과 어울리기보다 집에서든 학교에서든 홀로 시간을 보낸 적이 많았다. 가끔 메모지에다 머릿속에 떠오르는 생각들을 적고, 평소 관심이 많았던 건강 정보를 신문에서 스크랩했다. 하지만 겉으로 드러내지 않았어도 부친은 외로움을 많이 타는 타입이었고, 대부분의 일을 혼자 처리했다. 부친은 다소 성급한 편이어서 일이 생각대로 풀리지 않거나, 고심하여 착수했던 일에 주위 사람들이 따르지 않으면 꾸짖거나 질책하는 적이 많았지만 그렇다고 마음속에 담아 두는 성격이 아니었다. 게다가 상대방의 진의(眞意)가 확인되면 감정을 가라앉히고 금방 평정을 되찾는 특징이 있었다.

　부친이 선덕의 시대를 열어가는 동안 나에게도 많은 변화가 일어났다. 이 기간에 나는 경주에서 중학교를 졸업하고 서울로 간 후, 고등학교부터 대학까지 학업을 마쳤다. 그리고 얼마간 직장 생활을 하면서 대학원을 병행했고, 졸업 후 결혼과 함께 대학에서 잠시 강의하다 유학길에 올랐다. 여기서 나의 삶이 등장하는 이유는 부친과 깊이 연관되었기 때문이다. 항상 내 생각을 존중했던 부친의 태도가 내 진로와 연결되므로 이 부분을 짧게 서술하려고 한다.

　1982년 1월 5일, 나는 사랑하는 가족을 두고 미국 유학길에 올랐다. 생각해보면 부친이 관부연락선으로 유학을 떠난 지 44년이 지난 뒤였다. 그러나 누구에게도 알리지 않고 고요히 떠났던 부친의 유학과 달리 나의 출국은 따뜻한 격려와 환송 속에 이루어졌다. 인과관계를 따르는 집단이나 국가의 역사와 달리 개인의 역사는 우연과 필연이 교차하여 결정되는 경우가 많다. 나의 유학은 고심 끝에 내린 행동이라기보다 우연적 만남이 낳은 결과였다. 대학을 마치고 서울에서 직장 생활을 하던 중 나는 부친의 권유로 교육대학원에 진학했다. 그러다 그곳에서 알게 된 교수(나의 멘토이자 은인이었다)의 조언으로 유학에 관심을 가지게 되었다. 이후 결혼과 함께 울산대학교에서 대우전임이라는 직책을 가졌던 나는 전공인 영문학의 본고장에서 능력을 시험해보려는 야망을 품었다.

지금과 무척 상황이 달랐던 미국 유학을 실행에 옮기는 건 쉽지 않은 일이었다, 그래도 부친은 젊은 날 유학에서 인생의 전기를 마련했다는 믿음을 가졌기 때문에 내 결정을 수용했다. 하지만 신혼에다 비교적 안정된 일자리를 가졌던 내가 마음대로 오갈 수도 없는 태평양 건너 거대한 나라에서 상당한 기간을 보내는 것이 어떤 결과를 가져올지 누구도 예측할 수 없었다. 추운 겨울 오후, 김포공항까지 마중 나온 가족과 이별하고 나는 노스웨스트 항공편으로 태어나 처음 외국에 갔다. 내가 먼저 출발한 다음, 몇 개월 후 아내와 딸이 미국으로 건너와 허전함이야 이루 말할 수 없었을 테지만, 부친은 조금도 망설임 없이 먼 길을 떠나는 가족을 격려했다. 그때 송구함은 한참 세월이 흐른 지금까지 여운처럼 남아 있다.

4여 년에 걸친 유학 기간 중 많은 일을 겪었다. 석사학위만 취득하고 돌아오려는 계획이 박사학위까지 연장되어 생각보다 긴 유학이 되고 말았지만, 유학은 내 인생을 바꿔놓은 계기가 되었다. 미국 중서

부에 있는 오하이오 주 마이애미 대학교(Miami University)에서 박사과정보다 힘들었던 석사과정을 마치고, 박사학위를 위해 대륙 한가운데 위치한 네브래스카 주 링컨에 있는 네브래스카 대학(University of Nebraska)으로 갔다. 여기서 둘째 아이가 태어났고, 부모님의 소망에 부응하기 위해 억척같이 공부하여 나는 유학생들 가운데 최단기로 학위를 마쳤다. 유학 기간 중 나를 괴롭힌 생각은 나이 든 부모님의 건강이 안 좋아져 학업을 중단하고 돌아가지 않을까 하는 불안감이었다. 이따금 꿈에서 부친의 모습이 보이지 않는 학교에 낯선 사람이 나타나 부친의 자리에 앉아 있는 광경을 보았다. 한밤중이나 새벽녘 잠자리에서 일어날 때면 알 수 없는 불안감이 엄습했다. 힘든 유학 기간 중 나를 지탱한 건 함께 지내던 가족과 부모님의 절대적 믿음이었다.

[학위수여식에서]

1985년 12월, 나는 작가 헨리 제임스(Henry James)에 관한 연구로 마침내 박사학위를 받게 되었다. 논문을 지도했던 린다 프랫(Linda R. Pratt) 교수와 가족의 도움, 그리고 묵묵히 나를 지켜본 부친의 힘이 컸다. 유학을 마치고 영남대학교에 부임했던 때 부친은 몹시 기뻐했다. 당시 여러 대학에서 교수직 제의가 있었지만, 이 대학의 전신이었던 대구대학의 설립자가 우리 집안과 가까웠던 최준이었기 때문에 부친의 강력한 권유가 작용했다. 유학 기간 중 부친에게 여러 가지 일들이 생겼는데, 내 학업에 영향을 줄까 염려하여 어떤 연락도 하지 않았음을 알게 되었다. 내가 학업을 마치고 귀국하기 직전에는 학교에서 발생한 일로 말미암아 부친은 식음을 전폐하기에 이르렀지만, 오랫동안 기다리고 있던 손주가 태어나 자리에서 일어났다고 했다.

나는 영남대학교에 부임하여 30여 년 동안 학생들을 가르치고 연구하며 교수로서 입지를 굳혔다. 1992년에는 국내 최대 학술단체 가운데 하나인 한국영어영문학회로부터 제1회 우수논문상을 받았으며, 수상식에는 부친이 직접 참석했다. 이듬해에는 많은 학자들이 선망하는 권위 있는 풀브라이트 재단의 연구교수로 선정되어 미국 예일대학교에서 1년간 연구하는 영예를 누렸다. 이 밖에 내 전공 분야 연구를 통하여 한국연구재단을 비롯한 거의 모든 기관으로부터 연구 지원을 받아, 내가 소속된 학과와 대학의 위상을 높이는데 기여했다. 이러한 결과는 항상 노력하며 자신의 삶에 최선을 다했던 부친의 존재가 의식적이든 무의식적이든 작용했기 때문에 가능했다.

이런 가운데 선덕여자상업고등학교는 2001년 순수 인문학교인 선덕여자고등학교로 탈바꿈하였다. 일부 교사들의 반발로 큰 혼란을

겼었지만, 시대의 변화를 거부할 순 없었다. 부친의 퇴임 이후 학교는 임시 체제로 지속되다가 2001년 7월, 부친이 법인 이사장으로 공식적으로 복귀하였다. 사필귀정(事必歸正), 이 한마디 외에 무슨 말이 필요하겠는가. 진정한 안정은 혼돈을 겪은 다음 찾아오는 법. 이후 부친은 자신의 직책을 넘겨준 뒤 법인 이사(理事) 직책만 유지한 채 여생을 보냈다. 인생의 대부분을 학교 울타리에서 지냈던 부친은 세상을 떠나던 날까지 학교를 생각했을 것이다.

[석봉관]

2004년 4월, 나는 학교법인 만송교육재단 이사회로부터 이사장에 선출되었다. 초대 이사장이었던 만송 선생으로부터 일곱 번째가 되는 셈이다. 나는 이사회로부터 부여받은 법인 대표가 된 이후, 내 개인의 삶보다 학교라는 공동체의 향방을 두고 많은 생각을 했다. 부친이 오랫동안 공들여 지은 선덕이란 이름의 구조물은 이제 한 개인의 노력보다 구성원 모두의 지혜가 필요하게 되었다. 급격한 인구 감소는 공립보다 사립학교 존립을 더 어렵게 만들며, 지역을 가리지 않고 생존을 위한 경쟁이 날로 치열해지고 있다. 만송 선생으로부터 부친을 거쳐 나에게 이르는 3대에 걸친 지금의 학교는 집안의 자존심은 물론, 숱한 역경을 딛고 살아남은 자부심이 깃들어 있다. 나는 선대 어른이 가졌던 뛰어난 역량과 깊은 혜안을 갖추지 못하고 있지만, 지금까지 이룩한 자랑스러운 학교의 틀을 지키고 계승하는 것만으로 내 소임을 다할 수 있다고 믿는다. 겸허한 자세로 주변을 살피며 조금이라도 손길이 필요한 곳이면 주저 없이 다가가려 한다. 이것은 일찍이 허허벌판에서 땅을 파고 주춧돌을 심으며 학교의 꿈과 희망을 다졌던 부친의 뜻을 일상에서 실천하는 길이 될 것이다.

[부친 소망비]

5장

석봉—나의 아버지

석봉의 흔적을 찾아서

5장. 석봉 — 나의 아버지

　부친을 떠올리게 하는 이미지로는 젊은 시절의 중절모, 한때 교통수단 역할을 했던 후지산(産) 일본 자전거, 머리카락에 바르는 짙은 포마드 향(香)과 안티푸라민, 새벽에 걸었던 토함산 산책길, 그리고 노령에 들어 손에서 떠나지 않았던 지팡이 등을 들 수 있다. 이러한 이미지 외에도 뚜렷이 구별되는 특징들이 있으므로 내 기억을 더듬어 조명해 보려고 한다.
　부친은 '작은 거인'으로 불러도 좋을 만큼 독특한 개성과 카리스마를 가졌는데, 내가 세상에 눈을 뜨면서 확인한 건 부친의 강한 모습이었다. 여기서 강하다는 건 의지력을 말할 뿐만 아니라 육체적인 면에서도 그러하다는 뜻이다. 부친은 인왕동에 터를 잡고 학교 공사를 하는 동안 직접 감독을 하며, 인부들 틈에서 공사 자재를 나르는 중노동까지 감수했다. 그때 보았던 부친의 일상은 지치고 힘든 날들의 연속이었다. 젊은 시절부터 느긋하게 쉬는 법을 몰랐던 부친은 노령에 이르기까지 육체적 노동이 그림자처럼 곁을 떠나지 않았다.
　부지런함의 상징이었던 부친은 아침 일찍 일어나 우리가 살았던 넓은 집안 곳곳을 돌아보며 항상 개선의 여지를 찾으려고 했다. 하루나 한 달의 일정이 적힌 부친의 수첩과 메모장에는 단계적으로 처리해야 할 일들이 촘촘히 적혀 있었고, 이것은 계획적으로 일하는 습관을 나에게 남겨주었다. 사람들은 뭔가 큰일을 염두에 두고 계획을 세우곤 하지만, 실상 그런 일이란 일상의 끊임없는 개선에서 나오는 게 아닌가. 부친은 유학 시절 어느 상점에서 잠시 일하던 무렵 주인에게 장부 끈 매는 방법부터 배웠다고 하며, 철저한 준비 없이 일할 때 실수가 발생하기 쉽다고 조언했다. 남들에게 내세우기 좋은 실속 없는 행동보다 자신의 주변부터 다듬어가는 부친은 실용적 인물이었다.

오늘날 미국인의 정신적 지주로 간주되는 벤자민 프랭클린(Benjamin Franklin)은 아메리칸 드림을 최초로 구현한 입지전적 인물이다. 그가 후손들을 위해 쓴 유명한 『자서전』(The Autobiography)은 미국인들이 추구하는 성공의 꿈을 실천에 옮기는 행동 강령을 담고 있다. 여기서 프랭클린이 성공의 주요 덕목으로 삼은 건 절제, 침묵, 질서, 결단, 검약, 근면, 진실, 청결, 침착, 겸손 등이다. 이처럼 성공에 이르는 길은 기교나 방법이 아닌 건전한 습관과 연계되어 있고, 이것은 일상생활을 다듬어 얻어질 수 있다. 미국의 국민교과서로 간주되는 프랭클린의 『자서전』은 학교와 관공서는 물론, 뉴욕 월가와 대기업에 이르기까지 미국인의 꿈과 야망을 실천하는 경전으로 추앙되고 있다.

나는 프랭클린이 성공의 바탕으로 열거했던 덕목들이 삶에 대한 부친의 태도 및 습관과 닮은 데가 있다고 본다. 자신의 이상을 실현하려는 인간의 꿈은 어디에서나 존재하므로 부친이 가졌던 보다 나은 삶에 대한 꿈은 실천적 유산으로 계승될 수 있다. 일생에 걸쳐 수많은 성취를 거두었던 프랭클린의 주요 업적 가운데 미국 동부 아이비리그에 속하는 펜실베이니아 대학(University of Pennsylvania) 설립을 들 수 있다. 내 아들 석원(碩元)이 이 대학의 명망 있는 와튼 스쿨(Wharton School) 학부를 졸업한 건 부친의 삶과 연결된 집안의 자부심이 되었다.

[석원과 부친]

경건한 마음으로 항상 작은 일에도 감사하는 습관을 가졌던 부친의 삶에서 예의와 의식(儀式)은 중요했다. 의식에 내재된 가치를 중시했던 부친은 항상 뭔가 기원하는 자세를 유지했고, 이것은 의식의 가치가 퇴조하여 자신들이 겪는 일이 본래 의미를 상실해버린 사람들에게 반성을 요구한다. 부친은 의식 그 자체만을 받드는 형식적 행위보다 내용 면에서 남다른 면모를 보여주었다. 무척 오래전이라 기억도 가물가물한 어느 명절, 나는 부친과 함께 손곡마을로 차례를 지내러 간 적이 있었다. 마침 그곳 큰집에는 교통사고로 자식을 잃은 조카며느리가 슬픔에 잠겨 있었다. 부친은 방에 들어서자 한참이나 손 아래인 조카며느리에게 무릎을 꿇고 두 손을 모아 정중히 절을 한 다음 그대로 있었다. 뜻밖의 모습을 본 나는 당황했지만, 지금 돌이켜 보니 그 광경은 나중 동일본(東日本)대지진 때 이재민 수용소를 찾은 일왕 아키히토가 했던 행동이었다. 예절이란 상대에 대한 배려에서 나오는 법이지, 자신의 체면을 위한 것이 아니라는 사실을 나는 그때 깨달았다.

부친은 어른을 섬기는 일에 각별했다. 만송 선생의 넷째 아들로 우리가 살던 집에서 어른을 모셨던 부친은 생전에 정성을 다해 효도 했다. 만송 선생이 작고한 후, 부친은 안방에다 사진을 걸어놓고 출퇴근 무렵이면 늘 고개를 숙이며 낮은 목소리로 뭔가 중얼거렸다. 내 어린 시절의 영상에서 뚜렷이 남아 있는 건 명절에 부친을 따라 손곡 마을로 차례를 지내러 가던 때였다. 도로와 교통 사정이 무척 불편했던 당시, 마치 성지순례라도 하듯 울퉁불퉁한 시골길을 따라 온종일 걸어 영원한 촌락처럼 여겨졌던 손곡에 가서 제례를 지내던 일은 종교적 고행에 버금가는 행사였다. 내심 집에 머물러 있기를 바라는 내 뜻과 아랑곳없이 고무신을 신고 성큼성큼 앞을 걸어 나가는 부친의 뒷모습을 보며, 조상을 모시는 의례가 쉽지 않다는 걸 깨달았다.

자식들에 대한 사랑을 겉으로 드러내지 않았던 부친이었지만 내가 미국에서 유학하던 1980년대 초반, 부친으로부터 받은 격려는 나를 지탱했던 힘이었다. 먼저 건너간 나를 따라 아내와 딸은 부친과 함께 살던 경주 집을 떠나 미국으로 왔다. 부친은 그때 쓸쓸했던 심경을 다음과 같은 글로써 아내에게 전했다.

아영이 모녀가 떠나간 후 온 집안이 온통 빈 것 같아 집에 일찍 들어오거나 아침 출근할 때는 쓸쓸하기만 하고, 그래서 국제전화를 내보았지만 짧은 시간에 넉넉한 대화도 못해 섭섭하던 차 너의 편지를 받으니 반갑기 한이 없다.

그곳에 간 후 아영이와 너 내외가 다들 잘 있다 하니 마음이 편하구나. 편지에 달러($)가 아까워서 식사를 제대로 못한다고 하니 그래서야 하나. 다른 것은 못하더라도 너희 식구 식사만은 건강을 해치지 않도록 충분한 영양을 취하도록 하여라. 생활하다 가져간 돈이 모자라면 연락을 하면 다시 송금해 줄 테니 그런 걱정은 말고 식생활을 줄이려고 하지 마라.

아영이가 보고 싶어 할머니는 마음을 잡지 못하는 것 같으시다. 어떻게 하더라도 잘 키워야 한다. 아영이 아빠는 공부에만 열중하고 있다 하니 마음 든든하다. 너무 공부에 무리해서 건강을 해치지 않도록 옆에서 도와주고 위로해 주어라. 아영이 어미도 먼 곳에 간 후 줄곧 아영이 키우며 아빠 뒷바라지에다 살림살이에 무척이나 심신이 피로한 줄 안다. 너무 무리하지 말고 건강을 증진하도록 하여라. 여가 나는 대로 그곳에 있는 동안 영어를 익히도록 하면 좋겠구나. 이곳 걱정일랑 하지 말고 너희들 세 부녀가 몸 건강히 그곳까지 간 목적을 하루빨리 잘 달성하여 남들이 부러워하는 사람이 되도록 하여라. 바라는 것은 이것뿐이다.

그곳 기후 변동이 심하다 하니 항상 건강관리에 신경을 쓰도록 해라. 오늘 소포물 보냈다. 잘 있거라.

1982. 4. 7

내가 학위를 마치고 돌아와 대구에서 살던 시절, 부친은 종종 아파트를 찾아 손주들과 시간을 보냈다. 부모님은 가족의 생일이라든가 특별한 날에는 우리와 함께 식사했으며, 집에 들를 때면 근처 가게에서 손주들에게 줄 장난감을 준비했다. 부친은 첫째인 내 딸 아이뿐만 아니라 유학 중 태어난 둘째를 무척 좋아했다.

[황오동 옛날 집에서 부모님과 손주들]

이 무렵 특별히 기억에 남았던 일은 어느 겨울, 내가 살던 곳에 온 부모님이 저녁 무렵 경주로 돌아가신 다음 폭설이 내렸던 때였다. 경주 집으로 통화는 되지 않고, 지금처럼 휴대전화도 없던 시절이라 상황이 궁금했던 나는 차를 몰아 고속도로에 진입했다. 차가 경산 근처를 지나자 도로는 폭설로 인해 마치 전쟁터를 방불케 할 만큼 차들이 뒤엉켜 심한 정체를 빚고 있었다. 되돌아갈 수도 없는 상황에서 도로에 차를 버려둔 채 걷는 사람들 사이로 겨우 차를 몰아 경주에 도착했을 때는 거의 새벽녘이었다. 어두운 골목길을 지나 집에 들어섰을 때 나는 안방과 부엌방에 모두 불이 켜있음을 알고 안도감을 느꼈다. 부엌방에 있던 모친은 떡국을 썰고 있었고, 부친은 그때까지 잠들지 않은 듯했다. 내가 눈길에 집을 나섰다는 연락을 받고 두 분 모두 잠들지 못했고, 이것은 내가 부모님의 사랑을 생각할 때마다 떠오르는 기억이 된다.

부친에게 애틋한 시간은 1999년 여름 모친이 작고한 이후였다. 모친이 세상을 떠나고 나서 부친은 옛집에서 그대로 지냈고, 당시 대구에서 살았던 나는 혼자 생활하는 부친과 시간을 보내려고 경주를 내왕했다. 아내가 만든 반찬으로 밥상을 차렸던 무렵, 기억에 남는 건 모친 산소의 봉분을 살피던 때였다. 이른 새벽이면 어김없이 잠자리에서 일어나 나를 기다리고 있던 부친과 차를 타고 나가 봉분을 다듬었다. 때로는 억수같이 쏟아지는 빗속에서 봉분 위로 비닐 커버를 덮던 부친의 모습은 지금도 잊을 수 없다. 그때 광경은 침착하면서도 감정을 드러내지 않는 부친에 대한 인상과 달라, 참으로 애틋한 추억으로 남아 있다.

[모친 산소를 찾은 부친의 모습]

5장. 석봉 – 나의 아버지 155

옛 한옥에서 십여 년 동안 홀로 지냈던 부친에게 가장 큰 즐거움은 자식들이 찾아올 때였다. 이 무렵 부친의 모습은 다음 글에서 나타난다.

행복했던 하루

어제(2002. 11. 10 음력 10. 6일 나의 생일날)는 참으로 즐거웠다. 좋은 하루였다. 부산, 강릉, 서울에 사는 여식(女息)이 먼 곳에서 일부러 왔으며, 아들 부부도 다 함께 모여서 나의 생일을 정성껏 축하하여 주었다. 나는 더없이 즐거웠으며 나에게 새로운 활력을 솟아오르게 하여 주었다. 자식들의 이 지극한 정성에 새삼 고마움을 느끼게 되었다. 나는 이 행복을 오래도록 이어가도록 부처님께 기원하였다. 오늘의 이 행복이 영원한 행복으로 이어가게 하여 주시옵소서. 나를 낳아주시고 길러주신 부모님의 은혜가 망극하나이다.

2002년 11월 11일(음력 10월 7일)

石 峯

이 글은 모친이 세상을 떠난 지 3년이 흐른 후, 황오동 집에서 지내던 부친이 생일을 맞아 쓴 감회를 기록한 것이다. 나는 이 글을 읽을 때 부친을 제대로 모시지 못한 것 같아 마음이 아프다. 바깥일에는 강인했던 부친도 모친의 작고 이후에는 노령과 쓸쓸함이 겹쳐 마음이 약해졌던 것이다.

부친의 일상은 항상 계획적으로 이루어졌다. 하루 일정을 어김없이 메모로 시작했던 부친은 서류나 책갈피마다 학교와 관련된 일들은 물론, 자신의 소망이나 결심, 혹은 건강 상식들을 날짜별로 적어두곤 했다. 특히 해가 바뀔 무렵이면 부모 은혜에 대한 감사와 더불어 건강을 기원했다. 메모 쓰기는 거동이 불편했던 노령에 접어들어서도 한결같이 유지했던 의식이었다. 빈틈없이 쓴 '일상의 수칙'을 볼 때 나는 스콧 피츠제럴드(F. Scott Fitzgerald)의 소설 『위대한 개츠비』(The Great Gatsby)에서 주인공 개츠비가 성공을 위해 결심을 다지는 모습을 보는 느낌이었다. 성실과 근면을 바탕으로 성공에 대한 꿈을 키웠던 개츠비의 포부는 아메리칸 드림의 정신으로 승화되었지만, 부친은 훨씬 다른 시대에 살면서도 이와 유사한 정신을 가졌다.

부친의 일상에서 뗄 수 없는 부분이 바로 정원이다. 만년에 이르기까지 손길이 닿는 곳이라면 집이든, 학교든, 산소든 어디든지 아름다운 정원을 가꾼 부친은 쉴새 없이 나무를 심고 다듬으며 예술품처럼 절묘한 정원을 만들었다. 나는 오랫동안 부친이 만든 정원을 곁에 두고 생활했던 우리 가족과 주위 사람들이 평생 '정서적 빚'을 지고 있다고 생각한다. 관찰력이 뛰어난 부친은 일찍부터 정원에 관심을 가졌고, 학교를 운영하면서 하나하나 실행에 옮겨 독특한 정원을 만들게 되었다.

매사에 걸쳐 남들에게 폐를 끼치지 않고 예의를 유지했던 부친의 태도는 가족에게까지 철저히 지킨 삶의 원칙이었다. 상대방의 지위 및 신분과 관계없이 부친이 사람을 대하는 데는 일정한 원칙이 있었고, 그 원칙은 그 시대와 견주어 보아도 돋보이는 행동이었다. 세월이 흘러도 기억에 남는 건 내가 어릴 적 보았던 동네 거지들에 대한 부친의 태도였다. 1950년대 말엽과 60년대 초반, 내가 살던 고장에는 거지들이 많았다. 전쟁으로 피폐해진 나라는 해마다 빈곤에서 벗어나지 못해 깡통을 든 거지들이 동네를 돌아다니며 끼니를 구걸했다. 당시 내가 다닌 초등학교 근처에 '고아원'이라는 이름의, 전쟁통에 버려진 아이들을 수용하는 곳이 있었다. 과밀 학급이었던 초등학교 학생들 가운데는 고아원에서 온, 남루한 옷에 초라한 행색으로 학교에 나온 아이들이 많았다. 이러한 상황에서 그런대로 넓은 우리 한옥에는 열린 대문으로 거지들이 들어오곤 했다. 부친은 그럴 때마다 모친에게, "저분들한테 한 상 차려 드리지"라고 말했다. 곧이어 툇마루에 반찬 가짓수가 제법이나 되는 밥상이 차려져, 음식을 먹어대던 거지들 모습을 쳐다보던 기억이 새롭다.

  부친은 요즘 말로 '어얼리 어댑터'라고 불러도 좋을 만큼 새로 나온 전자기기를 좋아했다. 해외여행이 자유롭지 않았던 시절, 부친은 종종 대구 교동 시장 수입 상가에 들러 당시만 해도 귀했던 전자 제품을 입수했다. 새로 나온 물건을 좋아했던 부친은 어떤 경로로든 그것을 손에 넣어, 우리집에는 진기한 전자 제품들이 많았다. 더욱이 극장에 가기도 힘들었던 시절, 부친은 대문에다 커다란 스크린을 설치하고 영사기를 돌려 가족들에게 즐거움을 베풀었다. 제목도 모른 채 보았던 흑백영화들은 국내 여행은 물론 라디오마저 보급되지 않았던 시절에 낯선 세계로 들어가는 드문 기회가 되었다.

  흥미로운 사실은, 30여 년간 대학에서 영문학 교수를 지냈던 나에게 처음으로 영어를 가르쳐 준 인물이 바로 부친이었다는 점이다. 조기 영어 학습이 보편화 된 지금과 달리 초등학교 과정에서 영어 공부는 생각하지도 못했던 시절, 부친은 영어 교재를 구해다 내게 영어 어휘와 간단한 문장들을 가르쳤다. 아직도 귀에 쟁쟁한 부친의 일본식 영어 발음을 들으며 나는 낯선 세계로 빠져들었다. 부친은 또한 내가 중학교에 들어갈 무렵 두툼한 한자책을 구해 매일 읽고 쓰도록 하였다. 영문학을 전공하여 평생 외길로 접어들었던 나는 우리말이든 영어든 그 바탕에 어휘의 중요성이 있다는 걸 깨달았다. 부친에게 배웠던 한자는 우리말 조어(造語)와 직결될 뿐만 아니라 영어 어휘와도 연결되어, 어릴 적 공부가 장래 내 직업에 큰 영향을 주었다.

노령에 들어서 바깥 외출이 드물었던 부친을 생각할 때 나는 부친이 평생에 걸쳐 얼마나 철저하게 자신을 단련했는지 되돌아보게 된다. 부친은 애주가였지만 술의 양은 언제나 일정했다. 통상 와인 한 잔이나 맥주 한 캔으로 하루를 마무리했던 부친의 음주 습관은 지금의 내게도 이어진 듯하다. 건강에 관심이 많았던 부친은 규칙적인 생활을 했고, 바깥 날씨와 관계없이 새벽에 산책했다. 추운 겨울 아침, 부친을 따라 산행에 나섰던 나는 철학자 칸트처럼 늘 같은 시간에 예정된 코스를 따라 걷는 부친이 신기했다. 토함산 오동수(梧桐水) 약수터로 오르는 길은 철 따라 다른 풍경을 펼쳤지만, 그 길은 새벽잠을 설치고 나온 나에게 고행이나 다름없었다. 느리지만 일정한 걸음걸이로 걷던 부친은 어느 지점에 이르면 항상 두 손을 모아 기도하는 자세를 취했다. 지금 생각하니 그것은 아마 자신의 소원을 이루기 위한 경건한 의식이 아니었을까.

[오동수 길]

부친과 관련된 일화들을 마무리하면서 마지막으로 부친과 친밀했던 인물들에 대한 인상을 적어보려고 한다. 사회 활동과 사교생활을 멀리했던 부친은 친구라고 할만한 사람들이 드물었고, 대구에서 열리는 대학 동문회에 가끔 참석하는 정도였다. 부친과 친밀했던 사람들은 대개 경주 지역의 명사로서 부친이 운영한 학교와 관련되었다.

부친이 자주 언급하고 흠모했던 인물은 최준이었다. 문파라는 아호로 '마지막 최부자'로 일컬어지고 있는 최준은 조선시대 12대에 걸쳐 벼슬을 했던 영남의 대표적 양반 가문이었다. 교동(校洞) 고택에 지내면서 우리 집안과 각별한 인연을 맺었던 최준은 대대로 큰 재산을 유지한 부자로서 전국적으로 명성이 높았고, 내 조부인 만송 선생과 같은 연배로 생전에 교분이 깊었다.

최준은 계림중학교 개교 당시 자신이 관장하던 향교를 무상으로 사용하도록 하여 부친이 늘 고마움을 느꼈던 인물이다. 1884년에 태어나 1970년에 세상을 떠난 그는 일제강점기 백산상회(白山商會)를 만들어 독립운동에 거액의 자금을 댔으며, 해방 이후에는 영남대학교의 전신인 대구대학을 설립하여 남은 재산을 모두 기부해버린 노블레스 오블리주의 전형이었다. 나는 부친이 평생 존경했던 이 어른을 직접 뵌 적은 없어도 여러 얘길 들은 바 있다. 영남대학교에서 내 연구실이 있던 인문관 2층에는 동판(銅版) 형상과 함께 문파실(汶坡室)이라는 작은 규모의 자료실이 설치되어 과거 최준이 기증했던 고문서 일부가 남아 있다. 사람들이 별로 찾지 않는 이 공간은 재단의 법적 운영권에 대한 논란을 우려한 학교 당국에 의하여 존재감 없이 방치되었기에, 학교에 큰 재산을 기부했던 최부자 정신을 생각할 때 참으로 개탄스러운 일로 여겨진다.

문파 최준의 주손(胄孫)으로 최부자 명맥을 잇고 있는 최염(崔

炎)은 부친이 총애했던 인물이다. 경주 최씨 중앙종친회 회장을 역임했던 그는 80대 후반의 노인이지만, 내가 지금까지 만난 인물들 가운데 가장 반듯하고 선비처럼 곧은 성품을 가졌다. 만송교육재단의 이사직을 역임했던 그를 만나면 내 몸과 마음이 저절로 정화되는 듯한 기분이 든다. 온화한 표정에 부드러운 어조를 구사하지만 의롭지 못한 일에 직면할 때면 추상같이 매서운 양반의 기개를 보여준다. 인생을 정리하는 나이에 들어선 그는 자신의 집안에서 큰 재산을 기부했던 영남대학교가 본래 의도와 다르게 운영되고 있다고 판단하며, 대학의 운영 구도를 바꾸려고 노력한다. 오늘날 사라져버린 양반의 기개를 구현하고 있는 그에게 아직도 성취해야 할 과업이 남아 있다는 건 인생이 단순치 않다는 점을 일깨운다. 영남대학교를 몸소 찾아 학교 당국의 반대를 무릅쓰고 대학의 역사에 대하여 몇 번씩 강연했던 최염은 경주 최씨의 전통과 자부심을 행동으로 보여주고 있는 인물이다.

[영남대를 방문한 최염 회장]

부친이 살아 있을 때 종종 우리 집을 찾았던 최염은 문안 인사와 함께 부친과 환담을 했다. 두루마기를 걸친 그가 우리 집을 방문할 때 경주 황남빵을 들고 왔으며, 부친은 대화를 나누다 그가 떠날 때면 '노잣돈'이 든 작은 봉투를 건네기도 했다. 안타까운 현실은, 경주 교동에 있는 최부자 고택이 과거 전 재산을 대구대학에 희사한 탓으로 현재 영남대학교 재단 소유가 되어 최부자 후손인 최염은 조부가 살았던 고택에 기거하지도 못하는 실정이라는 점이다. 나는 최염의 너그러운 언사와 표정 뒤에 감춰진 허탈감을 느낄 때가 있고, 세간의 인식과 달리 양반으로 알려진 그의 삶이 편안하지 않음을 발견한다.

학교 운영과 관련하여 인연을 맺으며 부친이 흠모했던 인물로는 조경규(趙慶奎)와 김교식(金敎植) 두 분이 있다. 이들은 모두 명망 있는 경주 지역의 유지로서 오랫동안 지역을 대표하여 활동했다.

흰 두루마기를 입고 여덟 팔(八)자 콧수염을 기른 독립투사형 풍모의 조경규 옹(翁) — 이분에게 왠지 이 존칭이 어울릴 것 같다 — 은 형형한 눈빛으로 상대방의 의중을 꿰뚫고 주위 사람들을 압도한 인물이었다. 대자원(大慈園)이라는 자선기관을 운영하며 한의사로 활동했던 그는 부친의 학교에 많은 장학금을 기증했다. 선덕여자상업고등학교 시절 육성회장을 맡았던 조경규 옹은 행사 때마다 학교에 들러 카랑카랑하게 울리는 목소리로 훈화를 했다. 만송 선생이 세상을 떠난 이후 부친은 열다섯이나 연세가 높은 이 어른을 가까이했던 것으로 기억한다. 내가 유학을 떠나기 직전 찾아갔을 때 손목을 끌어당기고, "어디 아픈 데는 없지"라고 말하며 지그시 눈을 감고 진맥을 하던 모습이 아직도 눈에 선하다. 나는 실존 인물이 아니라 사진 속에서나 보던 옛날 인물 같았던 조경규 옹을 볼 때 집안에서 왜 어른이 필요한지 알게 되었다. 노인의 존재란 무엇을 하느냐에 있다기보다 주변 사람들에게 어떤 의미로 존재하는가에 달려 있기 때문이다.

　내 고장 경주가 시(市)로 승격된 이후 초대 시장을 역임했던 김교식은 도쿄 주오대학(中央大學) 전문부 법과를 졸업하고 해방 직후 경주 읍장을 지냈던 인물이다. 지역 사회의 원로로서 경주 발전에 큰 공헌을 했던 그의 젊은 시절 모습을 알지 못했던 내가 옛 어른의 풍모를 생각할 때 떠올릴만한 인물이다. 부친이 계림중학교 교장으로 있을 무렵 잠시 강사로 일했던 인연으로 우리 집안과 오래도록 관계를 유지했던 김교식은 경주가 시로 승격된 후 4년 동안 시장으로 일하며 전쟁 이후 어수선했던 시정을 이끌어갔다.

　국가에는 근간이 될 법이 필요하고, 집안에는 가족이 따를 만한 어른이 필요하다는 말이 생각나면 나는 김교식 시장을 떠올린다. 조경규 옹과 비슷한 연세였던 그를 공경했던 부친은 나중에 학교법인 이사장으로 영입하여 자문을 구했다. 이따금 우리가 살던 집을 찾기도 했던 그는 걸걸한 목소리로 나를 격려하며 미래를 위해 현재가 중요하다고 말했다. 언젠가 손곡 산소에서 만송 선생 송덕비(頌德碑)를 세울 때 찾아온 이 어른으로부터 부친이 어떤 사람들을 좋아했는지 알게 되었다. 허세를 싫어하고, 겸손하면서도 실천적인 삶을 추구한 부친에게 김교식은 그대로 부합되는 인물이었다.

　지역교육계에 종사하다 나중에 경상북도 교육청 학무국장을 지낸 손승목(孫承睦)은 부친과 오래 교우관계를 유지했던 인물이다. 선이 굵고 덕성스러운 그는 부친보다 몇 년 아래 나이였지만 서로 말을 터놓고 지낼 만큼 막역한 관계였다. 그는 일제강점기 큐슈 풍국(豊國)중학교를 졸업하고 메이지대학 경제과에 재학 중 학병으로 징집되어 만주에서 복무하다 탈출하여 기적적으로 생명을 지킨 이력을 가졌다. 부친과 친형제처럼 각별한 사이였던 그는 특이한 인연으로 내 결혼식은 물론, 내 딸의 결혼식에도 주례를 선, 말하자면 2대에 걸친 우리 집안 혼례의 증인이 되었다. 경북 지역에서 학교장과 교육장을 번갈아 지냈던 그를 두고 부친이 늘 '손교육장'이라고 부른 탓에 우리 가족도 그렇게 불렀다.

부친이 학교 이사장을 할 때 영입했던 손교육장은 내가 부친의 직을 잇고 나서도 얼마 동안 재직했다. 고령을 이유로 사의를 표명했던 그를 만류하여 나는 이사직을 유지하도록 간청했다. 내가 알기로 오늘날 세계적으로 명성을 떨치고 있는 스포츠 종목인 양궁은 그가 경북 예천군 교육장으로 있을 무렵 도입한 이래 발전을 거듭하여, 지금은 예천이 양궁의 성지가 되었다고 한다. 술은 거의 들지 않았지만 사람들이 모이는 곳에서 좌중을 즐겁게 만드는 화제가 풍부했던 그는 예법에 능숙하고 점잖은 옷차림이 돋보이는 품위 있는 신사였다. 계절이 바뀔 무렵이면 부친에게 '崔兄'이라는 호칭으로 시작되는 일본식 안부 엽서를 보내곤 했던 그가 부친보다 먼저 세상을 떠났을 때 나는 부친과 오랜 우정을 떠올리며 슬픔을 느꼈다.

사돈이라는 특별한 관계였지만 부친과 친밀했던 인물이 내 장인이었던 권오찬(權五燦)이다. 일찍이 대구사범대학을 졸업하고 경북대학교 대학원에서 사학을 전공했던 장인은 뛰어난 언변에다 박학다식한 르네상스 인간형이며, 신라 역사에 정통한 사학자였다. 오랫동안 경주중고등학교 교장을 지낸 장인은 지역 교육계를 대표한 인물이었고, 경주중학교 시절 내 은사이기도 했다. 비록 사돈이라는 조심스러운 관계였지만 부친은 학교장으로 같은 지역에서 활동하면서 장인과 가까웠고, 모든 방면에 두루 뛰어났던 그를 좋아했다. 부친보다 불과 여섯 살 아래였던 장인은 한 세대쯤 차이가 난다고 해도 좋을 만큼 젊은 감각에다 활달한 성격을 가졌다. 장인은 경주중고등학교를 운영하는 수봉교육재단으로부터 능력을 인정받아 일흔 너머까지 학교장으로 재직하며 학교 위상을 올리는 데 크게 기여했다.

[나의 이사장 취임식에 참석한 장인, 부친, 손승목]

내가 만송교육재단 이사장으로 임명되었을 때 장인은 여러 가지 조언을 하며, 특유의 순발력으로 난국을 헤쳐나가는 지혜를 발휘했다. 사립학교 운영이 미숙했던 내게 버팀목 역할을 해주었던 장인은 주위 사람들로부터 많은 사랑과 존경을 받았다. 나는 학문의 본고장이라고 부를 수 있는 대학에서 지내는 동안, 학교 안팎에서 재주는 많아도 덕이 부족한 이른바 재승박덕(才勝薄德) 형의 인간과 대수롭지 않은 일을 내세우는 사람들을 많이 보았다. 이런 가운데 자신의 재능보다 덕이 돋보이는 인간미 넘치는 장인을 곁에 둔 건 큰 다행이었다. 생전에 부친이 장인의 뛰어난 면모를 자주 언급한 건 나를 위한 배려가 아니었을까. 장인은 부친이 세상을 떠난 지 불과 한 달 후에 작고하여 새삼 두 분의 유대를 느끼게 했다.

※   ※

2014년 12월 4일, 부친이 작고한 지 일 년이 지난 후 평생에 걸쳐 힘을 쏟았던 선덕학원 만송관(晩松館)에서 추모 행사를 열게 되었다. 전체 교직원과 외부 인사들을 초대하여 열린 추모식에서 나는 학교와 집안을 대표하여 다음과 같은 추모사를 낭독했다.

추모사

오늘 학교로서는 매우 이례적인 행사에 참석해 주신 모든 분들에게 먼저 감사를 드립니다. 이 자리에는 학교법인 이사들과 전임 학교장들이 특별히 참석하셨습니다. 오늘 행사를 준비해 주신 교내 여러분들에게 감사드리며, 추운 날씨에도 불구하고 묘소를 다녀오신 선생님들에게도 감사를 드립니다. 아시다시피 저의 어른께서 평소 성품처럼 돌아가실 때도 미련을 남기지 않고 떠나셨기에, 경황없이 맞이했던 상중에서 많은 분들이 주신 도움으로 무사히 장례를 마쳤습니다. 그러나 저는 자식으로서 남아 있는 아쉬움과 회한 때문에 추모의 자리를 마련해야겠다는 일념으로 오늘 행사를 열게 되었으나 마음 한구석에는 많은 분들에게 폐를 끼치지나 않는지 송구스럽기만 합니다.

우리 학교에 오래 근무하신 선생님들에게 어른은 과거 직장 상사로서 기억들이 있을 것입니다. 반면에 저는 오랫동안 가까이 모셨던 자식으로서 어른에 대한 추억들이 있습니다. 하지만 외부에서든 내부에서든 어른에 대한 기억과 인상에는 차이가 없다고 봅니다. 어른께서 오랜 세월 동안 뚜렷한 생활신조와 습관을 지녀오셨기 때문입니다. 활자로 비유하면 굵은 고딕체와 같이 분명하고 선이 굵었던 습관들은 이제는 전설이 되다시피 했지만 제가 어른에 대해 말씀을 드릴 때면 몇 가지 점들을 먼저 언급하지 않을 수 없습니다.

지난해 장례식 때 문상을 오신 어느 분이 들려준 일화가 있습니다. 예전에 자동차가 없었던 시절 어른께서는 늘 자전거로 외출하셨습니다. 그 자전거는 일본 후지회사 제품으로 늘 손질이 잘 되었던 걸로 기억합니다. 이 자전거로 외출하다 길에서 사람을 만나게 되면 어른은 곧바로 자전거를 멈추고 중절모를 벗은 다음, "그간 어떠셨습니까?"라고 깍듯이 인사했다고 합니다. 이 일화를 떠올린 이유는 어른의 일상에서 예의가 각별했기 때문입니다. 삼복더위에 집에서 식사하실 때도 의복을 갖추었고, 언어 절제가 분명했다는 점도 생각납니다. 제가 2004년 이사장직을 인수했을 때 의아스러웠던 건 어른께서 학교 일을 전적으로 제게 맡기시고 어떤 간섭이나 의견을 내신 적이 없다는 사실이었습니다. 뿐만 아니라, 일 층에 있는 집무실에조차 들른 적이 없었기 때문에 제가 먼저, "학교에 오시면 제 방에 먼저 오십시오"라고 요청까지 드렸건만 끝내 거부하셨습니다. 이것은 어른 나름의 사랑의 표현이지만 자식에게마저 예의를 지키려는 태도가 아니었던가 생각합니다.

어른께서는 늘 메모를 하시는 습관이 있었습니다. 이 메모에는 하루의 일과는 물론, 한 주 혹은 한 달의 계획과 일들이 세세히 기록되어 있었는데, 특이한 점은 언제나 맨 위에 한자로 '母父母'라고 쓴 다음 내용을 적는다는 것입니다. 저는 이것을 통하여 우리가 말하는 효(孝)는 일상에 스며든 실행의 문제이지, 명분이나 허세는 아니라고 느꼈습니다. 이런 기억들과 더불어 제게 각인된 어른에 대한 인상은 평생토록 육체노동을 하시던 모습입니다. 몸이 쇠약하시기 전까지 어른께서는 늘 연장을 들고 학교는 물론, 집과 산소에서 나무를 다듬고 정원을 돌보며 그야말로 '노동'을 하셨습니다. 이런 가운데 신화에 나오는 마이더스 손처럼 어른이 손길이 거쳐 간 곳이면 어디에서든 풍경이 바뀌어버리는 기적을 목격하며 살아왔다는 건 제게 큰 행복이었습니다. 어른은 일상에 감사하는 습관을 지니며, 교만과 허세가 가져오는 위험을 경계하셨습니다.

지난해 12월, 97세로 세상을 떠나시기 전까지 어른은 거의 한 세기를 사셨던 분입니다. 우리 학생들이 역사책을 통해서 알았던 기미년 삼일운동이 발생하기 두 해 전에 태어나 성장기 대부분을 일제강점기에서 보내셨습니다. 이후 해방과 6.25 전쟁을 거쳐 조국이 근대화를 이루는 과정을 목격하며 60여 년 동안 학교 역사를 직접 만드신 분이었습니다. 오늘날 상상하기도 힘들 만큼 1950년대부터 70년대까지 사립학교 운영은 험난한 길의 연속이었습니다. 특히 교동 향교에서 지금 위치로 학교를 옮겨온 후 매일 막노동이나 다를 바 없는 힘든 일을 하셨고, 공사에 필요한 자재들을 조금이라도 싼 가격에 구하려고 동분서주하시던 모습은 아직도 눈에 선하기만 합니다. 이러한 과정에서 학교 안팎에서 끊임없이 밀려오는 역경을 온몸으로 버티어 간다는 것은 엄청난 극기 정신이 동반되어야 가능했습니다. 저는 어릴 적부터 어른께서 작은 체구에도 힘든 일을 헤쳐나가는 모습을 보면서 '작은 거인'이라는 표현이 잘 어울린다고 생각했습니다.

오늘 세상을 떠나신 지 일주년을 맞이하여 돌이켜보니 어른께서 제게 많은 깨달음을 주셨다는 사실을 알게 됩니다. 이러한 교훈들은 직접적인 표현이 아니라 무언의 암시와 행동으로 전달되었다는 점을 돌이켜보면 새삼 저의 왜소함을 느끼게 됩니다. 일주년을 맞아 솟구치는 감회를 참으며, 어른의 평생의 터전이요 과업이며 염원인 우리 선덕학원을 확고한 반석 위에 올려놓는 것이 제게 주어진 사명임을 인식하고, 이를 위해 남은 인생을 헌신하겠습니다. 오늘 참석해 주신 모든 분들에게 다시 깊은 감사를 드립니다.

[부친 묘석(오른쪽 봉분은 만송 선생 묘)]

　　세상을 떠난 부친을 회상할 때 생각나는 것은 지금도 내가 즐겨 찾아 읽는 「뉴욕 타임즈」(The New York Times)의 부음기사이다. 여기서 세상에 두각을 낸 인물들의 삶을 압축하여 독자들에게 소개하는 기사를 읽노라면 일정한 패턴이 있음을 발견하게 된다. 즉, 한 인물이 태어난 시간과 장소에서 시작하여 가족 관계와 주요 경력이 먼저 소개되고 있지만, 이 신문에서 중점을 두는 부분은 그 인물이 직업과 사회 활동을 통하여 세상에 어떤 공헌을 했는가에 있다.

　　특이한 사실은, 삶의 궤적에서 발생한 잘못과 개인의 결함이 그 인물의 사회적 공헌과 공동체를 위한 헌신의 정도에 따라 상대적 관점에서 다루어진다는 점이다. 바꾸어 말하면, 개인의 삶은 업적과 실책, 장점과 단점이 뒤섞이는 가운데 다른 사람들과 구별되는 입지를 구축했느냐에 따라 성격이 규정되는 것이다. 한 세기에 걸친 부친의 삶은 굴곡진 시대의 흐름과 함께 많은 풍상을 겪었지만, 부친의 유산은 평생 몸을 바쳐 이룩한 학교와 더불어 가까이서 그 과정을 지켜본 사람들에게 끼친 영향에 있다. 세상에 태어나 한 사람에게 영향을 끼칠 수 있다면 행복한 거라고 한다. 이런 점에서 부친의 영향을 받은 사람이 나 하나뿐이라고 하더라도 그 삶은 다행스러웠던 게 아닐까.

부친이 애용하던 손때가 묻은 물건들은 추억을 넘어 애잔한 감정을 불러일으킨다. 평소 진기한 소품들을 좋아했던 부친인지라 돌아가신 다음에도 집안 곳곳이나 학교에서 부친이 쓰던 물품들을 하나씩 발견할 때마다 희열과 함께 부친에 대한 새로운 기억으로 그리움이 솟구친다. 돌아가시기 며칠 전 방에 들렀던 나에게 부친은, "찬바람 맞고 다니지 마라"고 낮은 목소리로 말씀하셨다. 이것은 부친 특유의 함축 어법으로, 세상을 살아가는 데 몸을 낮추고 주변을 살피라는 당부가 담겨 있다. 이러한 기억들은 아련한 추억이 되기도, 유용한 교훈이 되기도 하며 현재를 살아가는 나에게 삶의 의미를 일깨운다.

부친으로부터 받은 유무형의 자산을 소중히 간직하고 의미를 계승하는 가운데, 나는 일흔을 목전에 둔 나이에 이르러 직접적 표현이나 지시보다 암시와 침묵으로 나를 일깨웠던 부친이 남긴 진정한 유산이 무엇인지 곰곰이 생각해 본다. 소설 『위대한 개츠비』에 나오는, 멀리서 반짝거리는 푸르스름한 불빛처럼 포착하기 어려운 인생이란 형상의 배후에 놓인 신비를 풀기 위해 부친은 온 힘을 기울였다. 부친이 가졌던 열정과 삶에 대한 애착은 흐르는 강물처럼 세대를 넘어 면면히 이어지며 불멸의 신화를 만들지 모른다. 그 신화는 먼 훗날 이 책을 넘기는 누군가에 의해 재발견되어 분투노력했던 부친의 삶을 다시 생각하게 될 것이다. 유난히 소망과 염원이 많았던 부친의 흔적을 따라가는 가운데 발견한 경외심이 바로 이 책으로 이어진 것임을 밝히며, 메아리처럼 긴 여운으로 사랑과 존경을 바친다. 부친이 쓴 '소망(所望)'이란 짧은 시로 이 책을 마친다.

소 망

여기 꽃씨를 뿌린다
내 한없이 꽃을 가꾼다

꽃밭에서 김매고
훌륭히들 자라나게 하여
백화 다투어 나부끼는 날

그날에
님이여 오소서
더불어 영원히 즐기소서

　　　　石 峯

참고문헌

최영조. 「나의 자서전기(自敍傳記)」. 2006.

최찬해. 『국역 만송유고(晩松遺藁)』. 1988.

학교법인 만송교육재단. 『만송 60년사: 1949-2009』. 2009.

학교법인 만송교육재단. 『사진으로 보는 晩松70年史: 1949-2019』. 2019.

귀산서사(龜山書社) 유적보존회. 『자희옹선생문집(自喜翁先生文集)』. 2013.

경주 계림초등학교 총동창회. 『계림초등학교 백년사』. 2010.

경주 솔거미술관. 『경주미술의 뿌리와 맥 7인』. 2015.

나영균. 『일제시대, 우리 가족은』. 2004.

이병주. 『관부연락선 1, 2』. 2006.

최경도(崔景燾)

저자 약력

1952년 경북 경주(慶州)에서 태어났다.
한국외국어대학교 영어과를 졸업한 후
미국 마이애미 대학교(Miami University)에서 영문학 석사,
네브라스카 대학교(University of Nabraska)에서 영문학 박사 학위를 받았고,
예일대학교(Yale University) 풀브라이트 객원교수를 지낸 바 있다.
영남대학교 영어영문학과 교수를 지냈고(32년), 명예교수로 있다.
경주 선덕여자중고등학교를 운영하는 학교법인 만송교육재단 이사장으로
재임 중이다.

저 서

『헨리 제임스의 문학과 배경』(영남대 출판부, 1998)

번역서

『나르시시즘의 문화』(문학과 지성사, 1989)
『아메리칸』(민음사 세계문학전집, 1999)
『나사의 회전』(민음사, 2005)
『여인의 초상 1, 2』(민음사, 2012)
『일탈의 미학: 오스카 와일드 문학예술 비평선』(공역, 한길사, 2008)
『가까운 골짜기』 영역 출간 (미국 Heinemann, 1997) 外

석봉의 흔적을 찾아서

초판 인쇄 | 2021년 11월 25일
초판 발행 | 2021년 12월 5일

지은이 | 최 경 도
펴낸이 | 황 영 성
펴낸곳 | 법 우 사

주　　소 | 서울시 관악구 봉천로 485 우진빌딩 4층
전　　화 | (02) 876-2261
팩　　스 | (02) 875-2263
e-mail | hys8009@hanmail.net
등　　록 | 2001년 4월 30일 제301-10-1747호

ISBN 978-89-97060-68-9　03810

정가 15,000원

* 파본은 바꿔드립니다. 본서의 무단복제행위를 금합니다.